Jutta Lammèr

Alte und neue Stickmustertücher

zum Nacharbeiten

Weltbild Verlag

Genehmigte Lizenzausgabe für
Weltbild Verlag GmbH, Augsburg 1993

Umschlagentwurf: Graphisches Atelier, Otto Maier Verlag
Umschlagfoto: Kunstauktionshaus Boltz, Bayreuth
Fotos: Lammèr Produktion Hamburg
Zeichnungen: Hanni Nirk, Ravensburg
Gesamtherstellung: J. P. Himmer, Augsburg
Printed in Germany

ISBN 3-89350-402-8

Inhalt

Geschichtliche Entwicklung

Der Ursprung der Stickmustertücher ist bis heute unbekannt. Aus Asien sind Vorläufer aus dem 9. Jahrhundert belegt. Auf einem Tafelbild des 14. Jahrhunderts in der Kirche San Francisco in Barcelona sind Frauen mit Stickereien dargestellt, bei denen es sich um Mustertücher handeln könnte. Das älteste datierte Mustertuch ist englischer Herkunft. Es stammt aus dem Jahre 1598 und befindet sich im Londoner Victoria and Albert Museum. Diese Arbeit, die erst 1960 entdeckt wurde, enthält folgende Details:

1. Reihe: Stilisierter Baum mit sitzendem Vogel (Eule?) im Zentrum, Hund mit Ringelschwanz und Halsband, stilisierter Baum mit Eichhörnchen auf dem linken Zweig und Vogelnest mit drei Jungen im Zentrum, Nelkenstrauß mit drei Blüten, darunter die Buschstaben IVNO (Juno?), darunter ein kleiner Hund

2. Reihe: Kleiner Greif, Bär, über eine Bordüre aus Blättern und Blüten schreitend, liegendes Reh (wie in Schönspergers Modelbuch von 1597 dargestellt)

Ausschnitt aus einem alten Stickmustertuch von 1830, das aus England stammt. Es enthält verschiedene Alphabete aus Groß- und Kleinbuchstaben und kleine Bordürenreihen. Die Buchstaben des kleinsten Alphabets in Blockschrift sind kaum größer als ein Stecknadelkopf. Material: schwarzes Wollgarn auf naturfarbenem Woll-Leinen. Größe: 41 x 33 cm. Privatsammlung

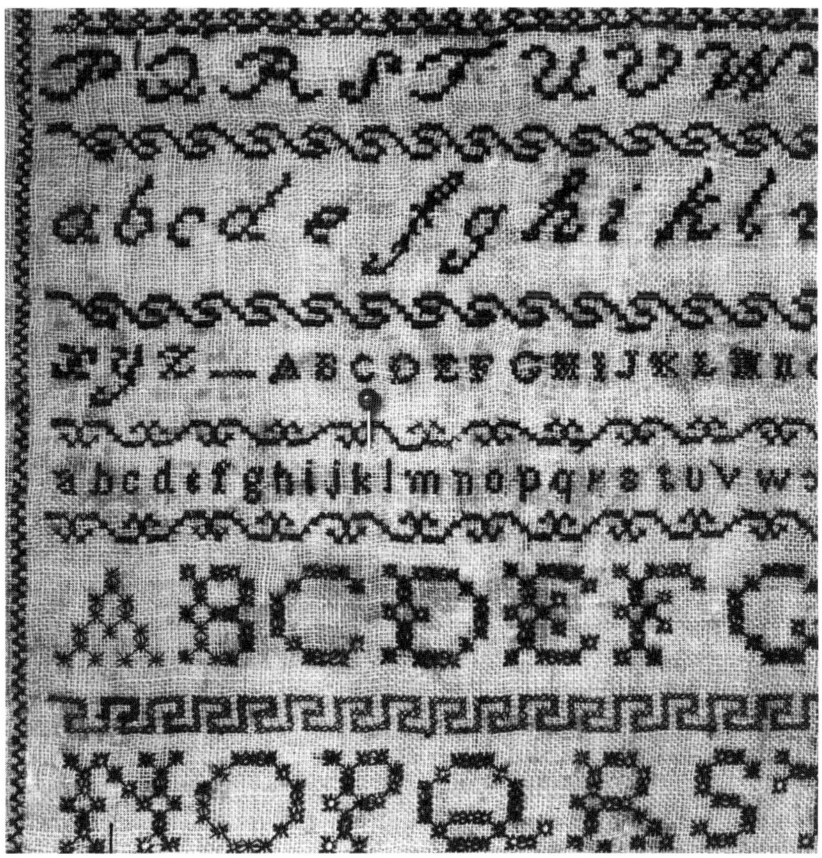

Kleines Mustertuch, das am 28. Januar 1870 vollendet wurde. Vermutlich eine Schülerarbeit, bei der zu Übungszwecken jeder Buchstabe zweimal gestickt werden mußte. Material: bunte Zephirwolle auf eingitterigem Baumwollstramin. Größe: 30 x 20 cm. Privatsammlung

3. Reihe: Alphabet in Großbuchstaben und der Name IANE BOSOCKE mit der Zahl 1598

4. und 5. Reihe: ALICE LEE WAS BORN IN THE NOVEMBER BEING TVESDAY IN THE AFTERNOONE 1596.
Den Rest des Tuches – knapp über die Hälfte – zieren dichtgesetzte flächige Musterfelder, vorwiegend Rechtecke im Querformat, mit Flechtwerk, Ranken, Früchten und Blüten sowie geometrischen Motiven.
Vermutlich wurde dieses Sticktuch zur Erinnerung an die Geburt des Kindes Alice Lee angefertigt und nur aus diesem Grund datiert. Solche Erinnerungstücher sind besonders aus dem 19. Jahrhundert und später aus den skandinavischen Ländern als „Minnestavlor“ (Minde = Erinnerung) bekannt.
Schriftliche Darlegungen bewei-

Stickmustertuch aus Brasilien, 1885 von einer Klosterschülerin gearbeitet. Material: rotes Baumwollgarn (stark ausgeblichen) auf handgewebtem Leinen mit Hohlsaumkante.

sen jedoch, daß es im europäischen Raum schon früher gestickte Mustertücher gegeben haben muß. So findet sich zum Beispiel 1502 im Haushaltsbuch des englischen Königshauses der Hinweis auf die Lieferung einer Elle Leinen für die Anfertigung eines Mustertuches für Königin Elisabeth von York: „for a sampler for the queen".
Mustertücher nennt man im angelsächsischen Sprachbereich „Sampler" (abgeleitet vom lateinischen exemplum = Beispiel). Im friesischen Sprachbereich heißen sie „Letterntuch", im niederländischen „Merklappen", im dänischen „Navneklude", im schwedischen „Mårkduk" und im norwegischen „Mårklap".
Alle diese Bezeichnungen deuten auf die Verwendung und den eigentlichen Sinn dieser Handarbeiten hin: Sie sollten als Vorlagen für weitere Handarbeiten dienen, so z. B. zum Kennzeichnen der Wäschestücke, die auf der Bleiche den Eigentümer auswiesen, oder zum Verzieren von Kleidung.
Dennoch darf man den Sinn dieser besonders in früher Zeit mit hoher Kunstfertigkeit gearbeiteten Stickereien nicht so eng sehen. Vielmehr zeichnen sich zwei Aspekte ab: Da sind einmal die kostbaren Seidenstickereien, die in einer Vielzahl von feinen Mustern und Motiven in unzähligen Stichvariationen von den höhergestellten Damen der Gesellschaft als Zeitvertreib, ja als eine Art Gesellschaftsspiel ausgeführt

Stickmustertuch aus dem Jahre 1736, vermutlich nach dem Entwurf eines speziell beauftragten Zeichners gearbeitet. Sticharten: Petit Point, Gros Point, Florentiner Stickerei, Stielstich, Plattstich, Nadelmalerei, Kreuzstich und Französische Knötchen. Material: Seidengarn auf Woll-Leinen. Museum für Kunst und Gewerbe, Hamburg (Foto: Bauer-Hamersen)

wurden; zum anderen jene, die von einfacheren Leuten – häufig nicht weniger gekonnt – gestickt wurden. Junge Mädchen übten sich in den Nadelkünsten und hängten ihre gelungenen Werke häufig hinter Glas gerahmt gut sichtbar im Elternhaus auf, um Brautwerber und Heiratskandidaten von ihrer Kunstfertigkeit, ihrer Geduld und ihrem Fleiß zu überzeugen. In erster Linie dienten solche Mustertücher jedoch als Vorlagen für weitere häusliche Verzierungs- und Markierungsarbeiten und als überlieferbarer Musterschatz. Zwar gab es bereits seit 1523 gedruckte Vorlagenhefte, sogenannte Modelbücher, jedoch waren sie für einfache Bürger meistens nicht erschwinglich.

Jahrhunderte hindurch wurden Kinder und junge Mädchen ausschließlich im privaten Bereich in Handarbeiten unterrichtet. Dies besorgten Großmütter oder Mütter, in bessergestellten Kreisen Nonnen oder Lehrerinnen mit speziellen Fähigkeiten auf diesem Gebiet. Erst mit Einführung des Handarbeitsunterrichtes an den allgemeinen Schulen und Lehrinstituten fanden die Unter-

Stickmustertuch aus Amerika, von einem elfjährigen Mädchen gearbeitet. Die ersten Mustertücher fand man 1630 in Massachusetts, 1713 in Long Island, 1719 in New Hampshire, 1720 in New York, 1721 in Connecticut, 1724 in Pennsylvania, 1725 in Rhode Island, 1728 in Vermont, 1734 in South California, 1740 in New Jersey, 1747 in Delaware, 1750 in Maine, 1763 in Georgia, 1765 in Virginia, 1766 in Maryland, 1786 in North Carolina, 1800 in Kentucky und 1807 in Ohio.

Stickmustertuch, um 1880 entstanden. Alphabete in Platt- und Stielstich wurden um diese Zeit im Schulunterricht gestickt. Material: Baumwollgarn in sogenanntem Türkischrot auf Leinen, einer Art Beuteltuch. Stickvorlage auf Seite 26.

Stickmustertuch aus der Zeit um die Jahrhundertwende, vermutlich aus einer italienischen Klosterschule. Material: rosafarbenes Baumwollgarn auf grobem Baumwoll-Zählstoff. Größe: 51 x 34 cm. Privatsammlung

weisungen in Gruppen statt. In Preußen zum Beispiel erstmals 1872.
Neben dem Stricken, Stopfen und Flicken lernten die Mädchen auch das Sticken. Viele vorwiegend einfache Mustertücher mit verschiedenen Buchstaben- und Zahlenreihen sowie einigen Bordüren und Ornamenten, die heute noch zahlreich zu finden sind, stammen aus dem Schulunterricht. Sie sind vorwiegend in Kreuzstich in sogenanntem Türkischrot auf Naturleinen oder Baumwollstoff mit zählbaren Gewebefäden gestickt. Von jeder Schülerin wurde in der Zeit von 1872 bis zum Ende des 1. Weltkrieges an fast allen Schulen eine solche Arbeit verlangt. Später wurde noch ein zweites Stickmustertuch gefordert, das – ebenfalls Rot auf Weiß – in Plattstich angefertigt werden mußte und außer Buchstaben und Zahlen in Schräglage auch noch verschiedene Weißstickereien zu enthalten hatte. Manche Tücher wurden auch dreifarbig gestickt: Weiß mit Rot und Blau, seltener Weiß mit Rot und Gelb. Der Grundstoff war hier ein dichtes Leinen- oder Baumwollgewebe, das bereits vorgezeichnet (schabloniert) geliefert wurde.
1881 brachte Emmy Rossel, Leiterin einer Höheren-Töchter-Schule in Berlin, einen „Leitfaden für den Unterricht in den weiblichen Handarbeiten" heraus, dem unter anderem eine komplette Vorlage für ein Mustertuch in Plattstickerei beigefügt war.
Julie Legorju brachte 1889 in

Französisches Sticktuch, 1919 in Paris angefertigt. Vermutlich eine Schülerarbeit. Material: rotes Baumwollgarn auf lockerem Baumwollgewebe, eingefaßt mit einer einfachen Maschinen-Klöppelspitze.

Kassel das Werk „Der Handarbeitsunterricht als Klassen-Unterricht" heraus, in dem sich Zählvorlagen für Mustertücher in Kreuzstichtechnik befanden.
Diese beiden Standardwerke haben bewirkt, daß über Jahrzehnte die gleichen Stickmustertücher angefertigt wurden und somit die Kreativität der Mädchen unterdrückt wurde. Das Lernziel, Perfektion der Sticktechnik, ist damit vielleicht erreicht worden.
Nach dem 1. Weltkrieg wurde der Handarbeitsunterricht reformiert, das heißt, man übte seine Fertigkeiten fast nur noch an sogenannten nützlichen Dingen. Zwar wurden immer noch Muster in Reihen auf Stoffe gestickt, jedoch wurden die fertigen Erzeugnisse meistens zu Serviettentaschen, Beuteln oder Kissenplatten verarbeitet.
Das Sticken nur aus Freude an dieser schönen Kunst blieb lange Zeit den alten Damen vorbehalten. Erst seit etwa fünfzehn Jahren bekommt es wieder neues Gewicht. Heute sind alte Stickmustertücher begehrte Sammelobjekte.
Eine der schönsten Sammlungen Europas in Privatbesitz befindet sich im niedersächsischen Buxtehude. 300 seltene Stücke haben Elfi und Hans-Joachim Connemann im Laufe von zehn Jahren zusammengetragen.
Das wohl bisher teuerste Stück wurde auf der 53. Auktion des Hauses Waltraud Boltz in Bayreuth am 25. September 1981 mit 6000,– DM angesetzt. Es wechselte schließlich für „nur" 4800,– DM den Besitzer. Das sehr farbenprächtige Tuch (siehe Umschlagfoto) stammt aus dem Jahre 1748 und ist 36 x 39 cm groß. Material: Seide auf feinstem Leinen.
Ein weiteres Sticktuch, dessen Ursprung mit 17./18. Jahrhundert angegeben wurde, erzielte – obwohl es undatiert ist – den Preis von 3000,– DM. Dieses Tuch ist mit Seide auf Seidengrund gestickt und enthält Applikationen. Seine Maße: 58 x 65 cm.
Die Käufer sind nicht, wie man annehmen könnte, Museen, denn deren Mittel sind begrenzt. Es sind finanzkräftige Privatsammler, die sich für den Erhalt der Dokumente einer vergangenen Stick-Kultur einsetzen.

Musterbildung und Vorlagen

Die beiden bei vielen Mustertüchern vorkommenden Motivgruppen weltlicher und religiöser Darstellungen lassen sich nicht trennen. Man findet sie häufig nebeneinander, und nicht alle Symbole sind deutbar. Das neu zusammengestellte Sticktuch auf Seite 81 enthält die wohl bekanntesten Motive aus dem althergebrachten Musterschatz.

Als Vorlagen für religiöse Motive mögen zunächst einmal Bibelillustrationen und Gemälde in den Gotteshäusern gedient haben, die begabte Stickerinnen – oft Pastorenfrauen – in Stickerei umsetzten.

Die weltlichen Motive wurden häufig von den kostbaren Stoffen kopiert, die aus Fernost nach Europa kamen. Außerdem beauftragten wohlhabende Damen Zeichenmeister mit dem Anfertigen von exklusiven Stickvorlagen. Wunderschöne Naturdarstellungen und Jagdszenen, wie zum Beispiel auf dem mit Seide gestickten Mustertuch auf Seite 8, dürften nach solchen Spezialvorlagen gearbeitet worden sein.

Zum Beginn des 16. Jahrhunderts kamen gedruckte Stickvorlagen heraus, die auch in der Weberei, in der Spitzennäherei und für Filetarbeiten verwendet werden konnten. Solche Vorlagen nannte man Modelbücher. Die darin enthaltenen Vorlagen waren nicht ausschließlich Entwürfe der Herausgeber, vielmehr waren hier die traditionellen Muster, die bereits bekannt waren, zusammengestellt. Die wenigen neuen Muster hatten ihren Ursprung in Fernost und stammten von feinen Stoffen.

Das erste bekannte Modelbuch erschien 1523 in Augsburg mit dem Titel „Furm- oder Modelbüchlein“ von dem Herausgeber Schönsperger. Es umfaßte 24 Holzschnitte. Schönsperger brachte später noch ein zweites Werk unter dem Titel „Ein new Modelbuch“ heraus. Die Musterzeichnungen waren zum großen Teil mit einem Karonetz versehen.

Sehr interessantes Sticktuch aus der Zeit um 1920. Hier geht es in erster Linie um verschiedene Stiche und deren Variationen, weniger um Mustervorlagen. Vermutlich handelt es sich um ein Lehrtuch für den Stickunterricht. Techniken: Plattstich, Spannstich, Kreuzstich, Perlstich, Florstich. Material: Baumwoll-Sticktwist (früher Glanzgarn genannt) auf Leinen mit zählbaren Gewebefäden.

Französische Kreuzstichvorlage, handkoloriert, aus dem Jahre 1850. Die Motive wurden zunächst – wie bei den Zählvorlagen in diesem Buch – mit einem Farbschlüssel versehen: für jede Farbe ein anderes Symbol auf der Zeichnung. Danach wurden die Felder mit Tusche farbig ausgemalt. Solche Vorlagen nahm man auch für Perlenarbeiten.
Privatsammlung

1529 erschien ein Musterbuch von Peter Quentel, auf dessen Titelseite ein Holzschneider, eine Stickerin, eine (Spitzen-?)Näherin und eine Weberin zu sehen sind. Der Titel lautete „Eyn newe kunstlich moedtelbuch alle kunstner" mit dem Zusatz „zo brauchen fur snyrzeller/wapensticker/perlensticker, etc. vnnd ouch fur Jonferen vnd frauwe. kunstlich vff das neuwes gefonde/allen den gene die vpff kunste verstat habe. Gedruckt zo Cöllen durch Peter Quentel. Imiair. M.D.XXIX. im Euenmaent." Dieses Buch wurde 1882 in Leipzig nachgedruckt.
1597 erschien in Nürnberg Johann Sibmachers „Schön newes Modelbuch", das – wie Schönspergers – zahlreiche Zählvorlagen, mit einem Karonetz versehen, enthielt. Dieses Buch erreichte viele Auflagen und wurde seinerzeit zum beliebtesten Musterschatz der Stickerinnen, vor allem in Süddeutschland. Sibmachers Motive, besonders ein Pfau und ein liegendes Reh, lassen sich bis ins späte 19. Jahrhundert auf vielen Sticktüchern und anderen Handarbeiten nachweisen. Die letzte bekannte Auflage von diesem Buch wurde 1877 gedruckt. Interessant ist, daß sich in Sibmachers Modelbuch gelegentlich die gleichen Motive finden wie in seinem Vorläufer von Schönsperger.
1589 erschien in Straßburg ein Vorlagenbuch von B. Jobin, das vorwiegend Tierdarstellungen

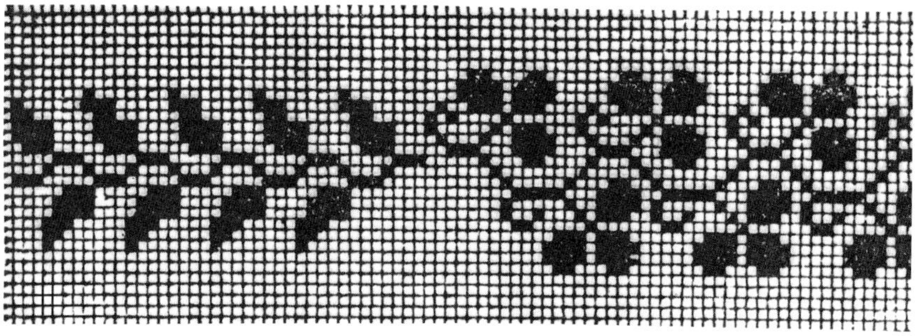

Oben: Zwei Muster aus dem 1523 erschienenen Modelbuch von Schönsperger
Mitte: In dem 1529 erschienenen Modelbuch von Peter Quentel ist das gleiche Motiv wie bei Schönsperger enthalten
Unten: Zählmuster aus dem 1597 erschienenen Modelbuch von Johann Sibmacher

enthielt. Es ist jedoch nicht sicher, ob dieses Werk als Anregung für Stickereien gedacht war.
1676 kam in Nürnberg ein „Model Buch" von Rosina Fürst heraus, die – im Gegensatz zu ihren Vorgängern – eigene Muster entwarf und zeichnete.
1795 erschien in Leipzig ein „Zeichen-, Maler- und Stickerbuch zur Selbstbelehrung für Damen" von Zeichenmeister Johann Friedrich Netto. Jedem Exemplar war ein vollständig ausgesticktes Mustertuch in feinster Arbeit beigefügt. Auch das Werk selbst war mit seinen 48 handkolorierten Kupferstichtafeln kostbar ausgestattet. Die Musterwahl allein läßt schon den Schluß zu, daß diese aufwendige Vorlagensammlung nur für exklusive Kreise mit den entsprechenden Mitteln gedacht war.
Die Nachfolger solcher Mustervorlagen waren Abplättmuster, die mit einem Tragantgemisch auf Seidenpapier gezeichnet waren, Kupferschablonen (für kleinere Stickereien und Monogramme) und bereits vorgezeichnete bzw. mit Motivumrissen bedruckte Stoffe, wie sie zum Beispiel die Firma E. Rossel, Nachf. A. Massengier in Potsdam zu Beginn des 20. Jahrhunderts vertrieb.

Material und Sticktechniken

Die Grundstoffe, auf denen Kreuzstichmotive gestickt wurden, sind Leinen, Wolle und später Stramin. Alle diese Gewebe haben eine Leinenbindung, das heißt, Schuß und Kette (waagerechte und senkrechte Fäden) stehen gleich weit auseinander und ermöglichen dadurch ein in beiden Richtungen gleichmäßiges Bild der Stickerei. Für andere, nicht fadengebundene Sticharten und Stickereien wurden Seide, feinste Wolle und Leinen, später auch Baumwolle verwendet.
Die Garne bei Kreuzsticharbeiten sind Leinen und Wolle, seltener Seide und bei nicht fadengebundenen Stickereien Seide und Leinen. Bis zur Einführung der Anilinfarben um 1860 waren alle Garne naturgefärbt.
Auf zählbarem Gewebe findet man neben dem traditionellen Kreuzstich noch den Kästchenstich, den Holbeinstich, den einfachen Hinterstich und den halben Kreuzstich. Auf der Rückseite der Arbeit hatten Kreuzstiche entweder ebenfalls Kreuze, Kästchen oder senkrechte Striche zu bilden – je nach Kunstfertigkeit und Alter der Stickerin.
Nicht fadengebundene Stickereien bestehen oft aus vielen Sticharten, vorwiegend jedoch aus dem Plattstich oder dem sogenannten Schattierstich, mit dem nach Art der Nadelmalerei Szenen dargestellt wurden. Auch für Buchstaben- und Zahlenreihen wurde der Plattstich bevorzugt, gelegentlich mit Stielstichen umrandet. Stielstich, Knötchenstich, Langettenstich, Klosterstich, Spannstichvariationen und Flechtsticharten sind am häufigsten auf alten Stickmustertüchern zu finden. Mustertücher in Weißstickerei wurden gelegentlich auch noch durch einige Nähspitzen-Einsätze bereichert.
In der Regel sind die alten Mustertücher rundherum oder an jenen Seiten, die keine Webkanten haben, gesäumt.
Manche von ihnen sind liebevoll mit Seidenband eingefaßt, das an den Ecken zusätzlich mit Rosetten verziert ist.

Stickmustertücher heute

Mustertuch aus dem Jahre 1929, gestickt nach dem Vorlagenheft des „Vereins der Dresdner Nadelarbeitslehrerinnen“ von Gertrud Caspari. Das sechzehnseitige Heft erreichte eine Auflage von über 350 000 Exemplaren. Sammlung Bahmann, Hannover

Die Liebe zur Stickerei hat nie ganz aufgehört. Es hat immer Mädchen und Frauen gegeben, die sich dieser schönen Beschäftigung widmeten, und Sticktücher aus den zwanziger Jahren beweisen, daß diese Liebhaberei zumindest bis 1930 weiter bestand. Noch 1928 brachte Gertrud Caspari vom Verein der Dresdner Nadelarbeitslehrerinnen ein „Zeichenheft“ mit Vorlagen für Kreuzstichmuster heraus, das eine Auflage von fast 400 000 Exemplaren erreichte. Sponsor war die Negergarnfabrik Gebr. Wolf in Pleiße/Sachsen.

Auch die Hersteller der Handarbeitsgarne D.M.C. (Dollfuß, Mieg & Co.) in Mulhouse brachten Vorlagenhefte für Kreuzsticharbeiten heraus, nach denen Stickmustertücher gearbeitet wurden.
Die größten Verdienste in der Erhaltung der Stickmustertuch-Tradition in den skandinavischen Ländern und in großen Teilen Deutschlands hat zweifellos die dänische Handarbeitsgilde „Haandarbejdets Fremme“, die unter dem Patronat der dänischen Königin steht. Von hier aus sind immer wieder Impulse zur Erhaltung und Erneuerung der

Handarbeitskunst, besonders der Stickerei gekommen. Haandarbejdets Fremme hat namhafte Künstler internationalen Ranges mit der Entwicklung neuer Stickmuster unter Berücksichtigung alter Traditionen beauftragt und somit die Stickerei neu belebt. Noch immer kann man hier zum Teil pflanzengefärbte Baumwollgarne in feinsten Farbabstufungen und Naturleinen-Stickgründe bekommen, die inzwischen in alle Welt vertrieben werden. Ein großer Teil der in diesem Buch zusammengestellten Modelle wurde mit dänischem Material hergestellt (Bezugsquellen auf Seite 95).

In den letzten fünfzehn Jahren haben sich besonders junge Leute, weibliche wie männliche, wieder für Handarbeiten interessiert. Und damit hat auch das Sticken von Mustertüchern an Reiz gewonnen. Handarbeitsverlage und Frauenzeitschriften haben gelegentlich Vorlagen zum Nachsticken geliefert, aber eine Mustersammlung, wie sie in diesem Buch zusammengestellt wurde, hat es bisher nicht gegeben.

Stickmustertuch von 1967, nach einer von der dänischen Handarbeitsgilde „Haandarbejdets Fremme“ herausgegebenen Vorlage gearbeitet. Es zeigt traditionelle Motive in neuer Anordnung.
Privatsammlung

Arbeitsanleitungen

Will man eines der Mustertücher aus diesem Buch nacharbeiten, so muß man sich zunächst das Material – Stickgrund und Garn – besorgen. Die Materialangaben stehen im Begleittext zum jeweiligen Sticktuch. Hier ist neben der Größe des Stickgrundes auch die Fadendichte angegeben, sofern es sich um Kreuzsticharbeiten handelt. Nimmt man einen gröberen Stickgrund, wird die Stickerei großflächiger, bei feinerem Grund entsprechend kleiner.
Beispiel: Leinen Nr. 12 hat 12 Gewebefäden pro Zentimeter, also 6 Kreuze (ein Kreuz wird immer über zwei Gewebefäden senkrecht und waagerecht gestickt); Leinen Nr. 10,5 hat 10,5 Fäden pro Zentimeter, also 5 1/4 Kreuze; Leinen Nr. 7 hat 7 Fäden pro Zentimeter, also 3 1/2 Kreuze. Hat man ein Motiv von 110 x 110 Kreuzen, so ergeben sich folgende Maße:
Leinen Nr. 12 = 18 x 18 cm
Leinen Nr. 10,5 = 21 x 21 cm
Leinen Nr. 7 = 31,5 x 31,5 cm
Man stickt auf diesen Grundstoffen mit Dansk Blomstergarn (Bezugsquellen auf Seite 95), und zwar auf Leinen Nr. 12 mit einem Faden und Nadel Nr. 24, auf Leinen Nr. 10,5 ebenfalls mit einem Faden und Nadel Nr. 22 und auf Leinen Nr. 7 mit doppeltem Faden und Nadel Nr. 21. Die Nadeln sollten kurz sein und müssen eine stumpfe Spitze haben. Für nicht fadengebundene Stickereien, z. B. Plattstich, Stielstich usw., verwendet man dünnen weißen Baumwoll-Wäschestoff oder Batist. Man arbeitet mit einem Faden Sticktwist (MEZ) und einer spitzen Nadel, deren Stärke der des Fadens entsprechen sollte. Für solche feinen Arbeiten ist es notwendig, daß man den Grundstoff in einen Stickrahmen spannt.

Das Übertragen von Mustern

Bei Zählvorlagen ist das Übertragen einfach. Man legt die Mitte von Vorlage und Stoff in einer senkrechten und einer waagerechten Linie fest, markiert diese und zählt von hier aus die Gewebefäden für das erste Motiv (2 Fäden = 1 Kreuz). Am einfachsten ist es, wenn man auch mit dem Sticken der oberen Motivreihe (z. B. Buchstaben) an der senkrechten Mittellinie beginnt und dann nach links und rechts weiterarbeitet. Dadurch hat man einen guten Anhaltspunkt für die folgenden Auszählungen.
Die Muster der nicht fadengebundenen Stickereien überträgt man wie folgt: Man zeichnet die Motive auf Transparentpapier durch, legt Graphitpapier (kein Kohlepapier) und Vorlage auf den Stoff und zeichnet dann die Motive nach. Dabei müssen Stoff und Papierauflagen zusammengeheftet werden, damit sie nicht verrutschen können. Dadurch wird das Nachzeichnen erleichtert.

Sticktechnik

So sollte eine Kreuzsticharbeit auf der Rückseite aussehen: gerade senkrechte oder waagerechte Stiche, Fadenanfang und -ende sauber verstopft. Ganzes Sticktuch und Zählvorlage auf den Seiten 68–71.

Beim Sticken auf zählbarem Grundstoff sollte man grundsätzlich folgendes beachten:

Stets zwischen die Gewebefäden, niemals in die Gewebefäden stechen.

Nicht in die bereits gestickten eigenen Fäden stechen.

Den Stickfaden gleichmäßig so anziehen, daß ein exakt anliegendes Fadenkreuz (beim Kreuzstich) gebildet wird, ohne die Gewebefäden zusammenzuziehen.

Beim Arbeiten mit einem Doppelfaden darauf achten, daß die beiden Fäden bei der Stickerei parallel nebeneinander liegen, also nicht verdreht sind.

Stets zuerst die Unterstiche einer Farbe vollenden, dann die Deckstiche arbeiten. Jetzt kann man mit der nächsten Farbe beginnen.

Beim Anfangen mit einem neuen Faden diesen ca. 10 cm hängen lassen und das Ende später auf der Rückseite in den bereits gestickten Fäden vernähen. Niemals einen Knoten machen.

Kreuzstiche bestehen, wie bekannt, aus zwei Arbeitsgängen: dem Unterstich, der von links unten nach rechts oben gearbeitet wird, und dem Deckstich, den

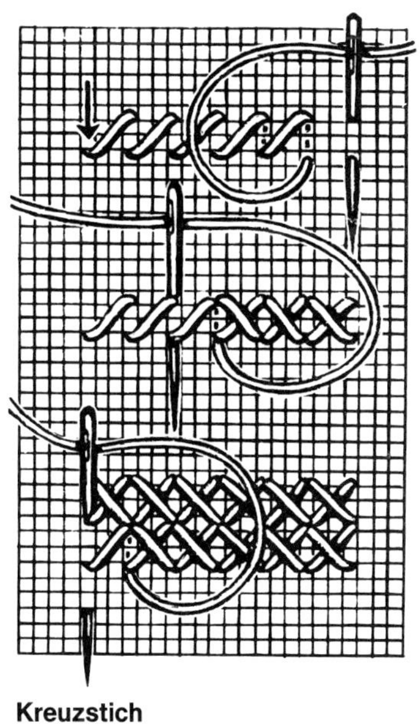

Kreuzstich

man von rechts unten nach links oben stickt. Man arbeitet so, daß die Stiche auf der Rückseite der Arbeit senkrecht oder waagerecht verlaufen (siehe Abb. S. 19).

Die Stiche für nicht fadengebundene Stickereien werden wie folgt ausgeführt:

Plattstichen liegt eine vorgezeichnete Form zugrunde, die man zunächst mit kleinen Stepp- oder Hinterstichen nachstickt. Man beginnt bei runden Formen (Blätter, Blüten, Punkte) in der Mitte der Arbeit, indem man den Faden von der einen Kontur zur anderen in Schräglage über den Stoff so spannt, daß er glatt und flach (platt) auf dem Stoff aufliegt. Bei gebogenen Formen, z. B. einem Blatt, setzt man die Innenstiche dichter als die äußeren, um eine geschwungene Form zu erzielen. Die Konturenstiche werden dabei stets knapp überstickt. Damit erreicht man eine plastische Wirkung. In der Regel arbeitet man so, daß die Stiche in senkrechter Schräglage von links unten nach rechts oben verlaufen, jedoch kann das Muster Ausnahmen erfordern.

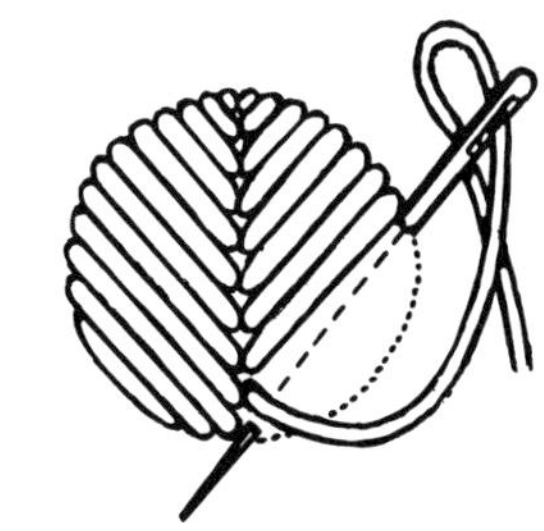

Plattstich, schräg

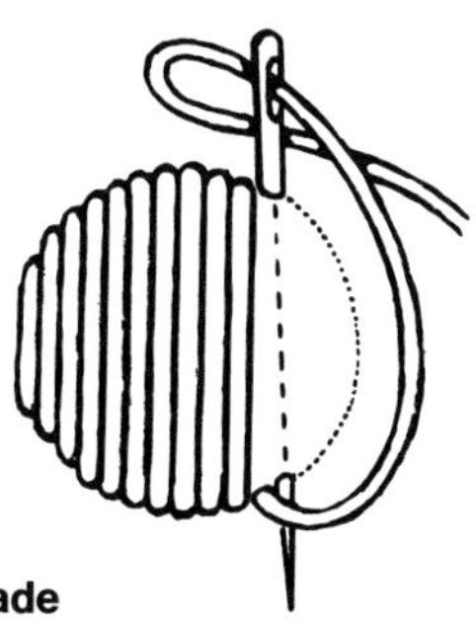

Plattstich, gerade

Den Stielstich kann man in Aufwärts- oder in Abwärtsrichtung sticken, man kann ihn aber auch waagerecht von links nach rechts arbeiten. Nach dem ersten Einstich von der Rückseite nach vorn übergeht man einige Gewebefäden, sticht dann um die Hälfte der übergangenen Fäden zurück, wobei man den Stickfaden unten hängen läßt, übergeht abermals einige Gewebefäden in der vorherigen Länge, sticht wieder um die Hälfte zurück und arbeitet so fortlaufend weiter. Durch diese Arbeitsweise wird eine rechtsgewundene Kordel erzielt. Legt man den Faden bei jedem Stich nach oben, entsteht eine linksgewundene Kordel.

Stielstich, Linkswindung

Stielstich, Rechtswindung

Der Langetten- oder Festonstich wird von links nach rechts in Abwärtsrichtung gestickt. Zu überstickende Flächen oder Linien werden mit mehreren Reihen Vorstichen unterlegt. Man sticht am Schlingenrand aus und faßt dann die Gewebefäden von oben nach unten senkrecht auf, wobei der Arbeitsfaden unter der Nadelspitze liegen muß. Dann zieht man den Faden so an, daß er straff liegt, ohne den Stoff zusammenzuziehen. Um die Ecke arbeitet man, indem man mehrmals in

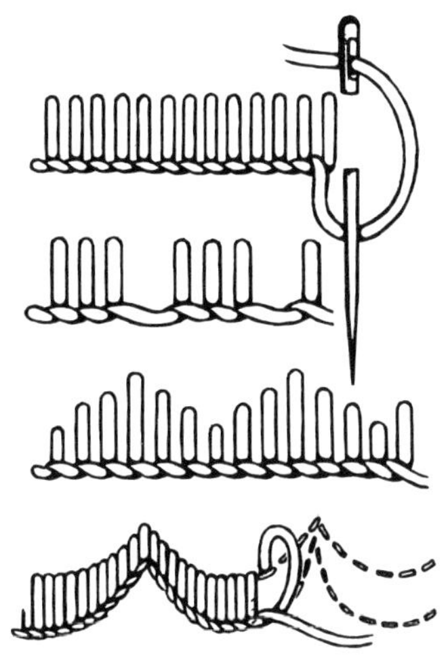

Langettenstich-Variationen

dieselbe Einstichstelle fährt und daraus mehrere Schlingen bildet.

Knötchenstich wird wie folgt gearbeitet: Nach dem Ausstechen hält man die Nadel dicht über die Ausstichstelle, umwickelt sie je nach Größe des gewünschten Knötchens zwei- oder dreimal mit dem austretenden Arbeitsfaden und sticht dicht daneben wieder zurück. Dabei hält man mit dem Daumen die Fadenwindungen fest.

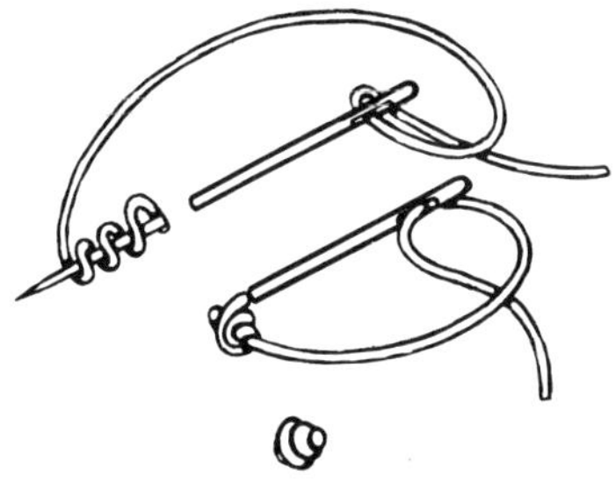

Knötchenstich

Eigene Entwürfe

Um Kreuzstichmotive selbst zu entwerfen und auszuarbeiten, braucht man sogenanntes Patronenpapier mit Karo-Einteilung. Es gibt solches Papier in Geschäften, die Zeichenartikel führen. Die Karo-Aufteilung sollte möglichst der Größe der späteren Kreuze entsprechen, damit man sich ein Bild von der Höhe und Breite des Motivs machen kann. Notfalls muß man sich selbst Patronenpapier anfertigen, indem man Karopapier in Normalgröße noch einmal senkrecht und waagerecht unterteilt. Das entspricht einer Größe von vier Kreuzen auf 1 cm (bei Leinendichte Nr. 12 sind es 6 Kreuze auf 1 cm).

Zuerst zeichnet man mit einem Bleistift das gewünschte Motiv mit allen Details auf das Patronenpapier. Danach versieht man alle Kästchen, durch die eine Linie läuft, mit einem Kreuz. Dazu nimmt man Tinte oder einen feinen Faserschreiber. Anschließend werden die Bleistiftlinien wegradiert. Jetzt kann man die Form noch durch veränderte Kreuzchen korrigieren oder vervollständigen. Will man die Vorlage farbig anlegen, malt man mit Wasserfarben die Motivteile aus, wobei man die einzelnen Farbfelder bereits unter Berücksichtigung der Kästchen-Konturen abgrenzt.

Entwürfe für nicht fadengebundene Stickereien zeichnet man zuerst auf ein Stück weißen Karton. Dann überdeckt man die Zeichnung mit entsprechend großem Transparentpapier, das man mit Klebstreifen gegen Verrutschen sichert. Mit dem Deka-Bügelmusterstift (Handarbeits- und Hobbybedarfsgeschäfte) zeichnet man nun sorgfältig den ganzen Entwurf durch. Das Muster läßt sich anschließend, mit der bemalten Seite auf dem Stoff liegend, mit einem heißen Bügeleisen aufplätten. Die blauen Linien werden später mit der ersten Wäsche entfernt. Bei diesem sehr einfachen Verfahren ist jedoch zu berücksichtigen, daß

alle Motive seitenverkehrt, also spiegelbildlich, übertragen werden. Will man die Stickerei in der Originalform nacharbeiten, muß man wie folgt vorgehen: Das fertig gezeichnete Motiv wird, wie bereits beschrieben, mit Transparentpapier überdeckt. Mit einem schwarzen Tuscheschreiber oder Tinte zeichnet man alles durch. Dann wird das von der Vorlage gelöste Transparentpapier umgedreht, und die gut sichtbaren Linien werden mit dem Deka-Bügelstift genau deckend nachgezeichnet. Heftet man das Transparentpapier mit der zuletzt nachgezeichneten Seite auf den Stoff, kann man das Originalmuster mit dem heißen Bügeleisen übertragen.
Das Stickmustertuch mit dem Alphabet und den Schmetterlingen auf Seite 41 wurde auf diese Weise entworfen und übertragen.
Beim Bügelverfahren ist es besonders wichtig, daß Stoff und Abplättmuster gut zusammengesteckt oder -geheftet werden, damit nichts verrutschen kann. Sollte dennoch ein Mißgeschick passieren, kann man den Stoff auswaschen und wieder verwenden.

Abschlußarbeiten

Die fertige Stickerei soll nach Möglichkeit nicht gewaschen werden. Es ist deshalb während der Arbeit auf peinliche Sauberkeit zu achten.
Zum Bügeln legt man die Arbeit mit der Schauseite nach unten auf eine weiche, mit einem weißen Tuch abgedeckte Unterlage und bedeckt sie mit einem angefeuchteten Tuch. Danach bügelt man so lange, bis das obere Tuch trocken ist. Bei Stoffen mit fadengebundenen Stickereien ist besonders darauf zu achten, daß die Arbeit beim Bügeln nicht verzogen wird. Es empfiehlt sich deshalb, sie mit Nadeln im rechten Winkel fadengerade auf der Bügelunterlage festzustecken. Ist der Stoff so stark verknittert, daß er beim Bügeln unter einem feuchten Tuch nicht glatt wird, zieht man ihn durch lauwarmes Wasser und läßt ihn flach auf einem Tisch liegend (Plastikabdekkung) trocknen, nachdem man ihn in die rechtwinklige Form gezogen hat. In noch feuchtem Zustand wird der Stoff abschließend von der Rückseite leicht gebügelt.
Soll die Stickerei gerahmt werden, biegt man die ungesäumten Kanten um ein der Rahmengröße entsprechendes Stück weißen Karton. Mit großen Hin- und Herstichen werden dann die jeweils gegenüberliegenden Umschläge gleichmäßig gespannt.

Musterteil

Mustertücher und Stickvorlagen

Wer noch nie Kreuzsticharbeiten größeren Umfanges gemacht hat, fängt am besten mit einem einfachen Sticktuch an, das kleinere Motive mit unkompliziertem Farbwechsel enthält. Wie auf dem Ausschnitt unten zu sehen, arbeitet man mit doppelfädigem dänischem Blomstergarn (Bezugsquellen für Zubehör auf Seite 95).

Auch für Anfänger leicht zu bewältigen ist dieses Sticktuch, das mit doppeltem Faden auf Leinen Nr. 7 (3 1/2 Kreuze auf 1 cm) gearbeitet wird. Material: 23 Stränge dänisches Baumwollstickgarn (Blomstergarn), den bei der Symbolschrift auf der Zählvorlage Seite 25 angegebenen Farbnummern entsprechend, eine Straminnadel (mit stumpfer Spitze) Nr. 21 und Stickgrund, Leinen Nr. 7, in der Größe 55 x 42 cm. Davon sind rundherum 3 cm für den Saumeinschlag mit berechnet. Die fertige Stickerei ist 45 x 32 cm groß. Auf dem Zählmuster sind durch Pfeile die senkrechte und die waagerechte Mitte angegeben.
Bevor man mit dem Sticken beginnt, markiert man diese Stellen auf dem Stoff mit einem Faden. Man beginnt mit dem Sticken beim Buchstaben F und arbeitet anschließend nach links und rechts weiter. Nun hat man Anhaltspunkte für das Auszählen der nächsten Buchstaben, Zahlen und Motive. Den Rand stickt man zuletzt.

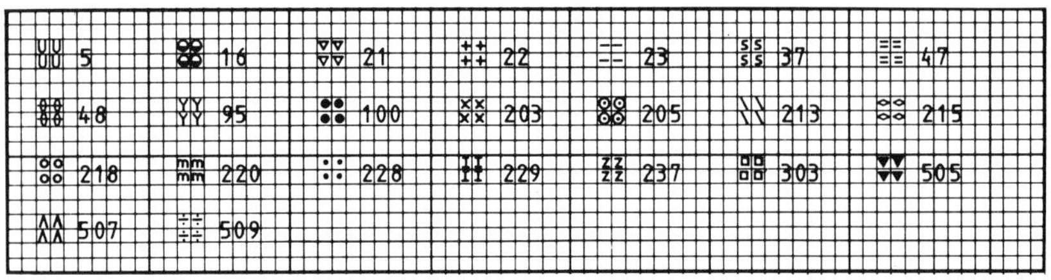

Rechts
Zählvorlage zum Mustertuch auf Seite 23 und oben. Die Pfeile geben die senkrechte und die waagerechte Mitte an.

A B C D E F G H I K L M N

O P Q R S T U V W X Y Z.

a b c d e f g h i k l m n o p q r s t u v w x y z.

A B C D E F G H I K L M N O P Q

R S T U V W X Y Z

a b c d e f g h i k l m n o p q r ſ s t u v w x y z.

1 2 3 4 5 6 7 8 9 0

1890 stickte Elise Schulze dieses rot-weiße Mustertuch mit dünnem Baumwollgarn auf feinen Baumwollstoff. Meistens wurden solche Tücher bereits vorgezeichnet gekauft und für den Handarbeitsunterricht verwendet. Die Schülerinnen mußten die Vorzeichnungen mit dichten sauberen Plattstichen nacharbeiten und zum Schluß aus den gestickten Alphabeten Einzelbuchstaben zu ihren Namen zusammenstellen und frei nachsticken.
Privatsammlung

Der Ausschnitt des oben gezeigten Sticktuches zeigt die Feinheit der aus Platt- und Stielstichen gebildeten Arbeit. Die zweifarbig ausgestickten Buchstaben des Namens wurden mit kleinen Vorstichen unterlegt, um sie plastisch hervorzuheben.

Linke Seite
Zeichenvorlage für das Sticktuch von Seite 9 unten, die mit Hilfe von Transparent- und Graphitpapier auf den Stoff übertragen werden kann.

Das Sticktuch mit dem Schäfer ist vorwiegend im Kreuzstich gearbeitet, lediglich der untere Mantelteil, der Innenteil der Tanne sowie die Ohren einiger Tiere sind im halben Kreuzstich gestickt, wie es der Foto-Ausschnitt rechts deutlich zeigt. Das Sticken ist nicht schwierig, aber beim Auszählen der einzelnen Motive muß man sehr genau sein, wenn der Gesamteindruck harmonisch wirken soll. Man beginnt mit dem Sticken am besten bei der oberen waagerechten Grundlinie, die man von der Tannenbaumspitze aus errechnet (2 Gewebefäden zählen für 1 Kreuz). Zählvorlage Seite 30–32. Material: 18 Farben dänisches Baumwollstickgarn, dem Farbschlüssel auf Seite 31 entsprechend, eine Straminnadel Nr. 24, 50 x 45 cm Leinen Nr. 12 (6 Kreuze auf 1 cm), weißes Nähgarn.
Die Stickerei ist 38 x 33 cm groß, der Saumeinschlag ist mit 3 cm an allen Kanten berechnet.
Bevor man mit dem Sticken und dem Markieren der Mittellinien beginnt, umsticht man die Schnittkanten mit weißem Nähgarn, damit sie nicht ausfransen.

Dieser Ausschnitt zeigt deutlich, wie die halben Kreuzstiche zu arbeiten sind. Beim unteren Mantel laufen sie abwechselnd einmal von links unten nach rechts oben und einmal von links oben nach rechts unten, so daß Wellenlinien entstehen.

Die Ohren des Hundes sind ebenfalls aus halben Kreuzstichen gebildet. Bei der Tanne laufen die Halbstiche der linken Kronenhälfte von links unten nach rechts oben, bei der rechten Kronenhälfte gegenläufig.

Zählvorlage zum Sticktuch mit Schäfer und Schafen von Seite 28/29. Auf dieser Seite befindet sich der linke Teil, auf Seite 31 der rechte Teil der beiden oberen Drittel des Musters. Der Rest steht auf Seite 32, und zwar der linke Teil oben, der rechte darunter. Die Pfeile geben die senkrechte und die waagerechte Mitte der Stickerei an.

5	6
7	9
19	21
206	212
215	218
216	223
225	234
237	238
250	303

Halbstich, jeweils in gleichem Farbton wie übriges Motiv – (Richtung wie gezeichnet)

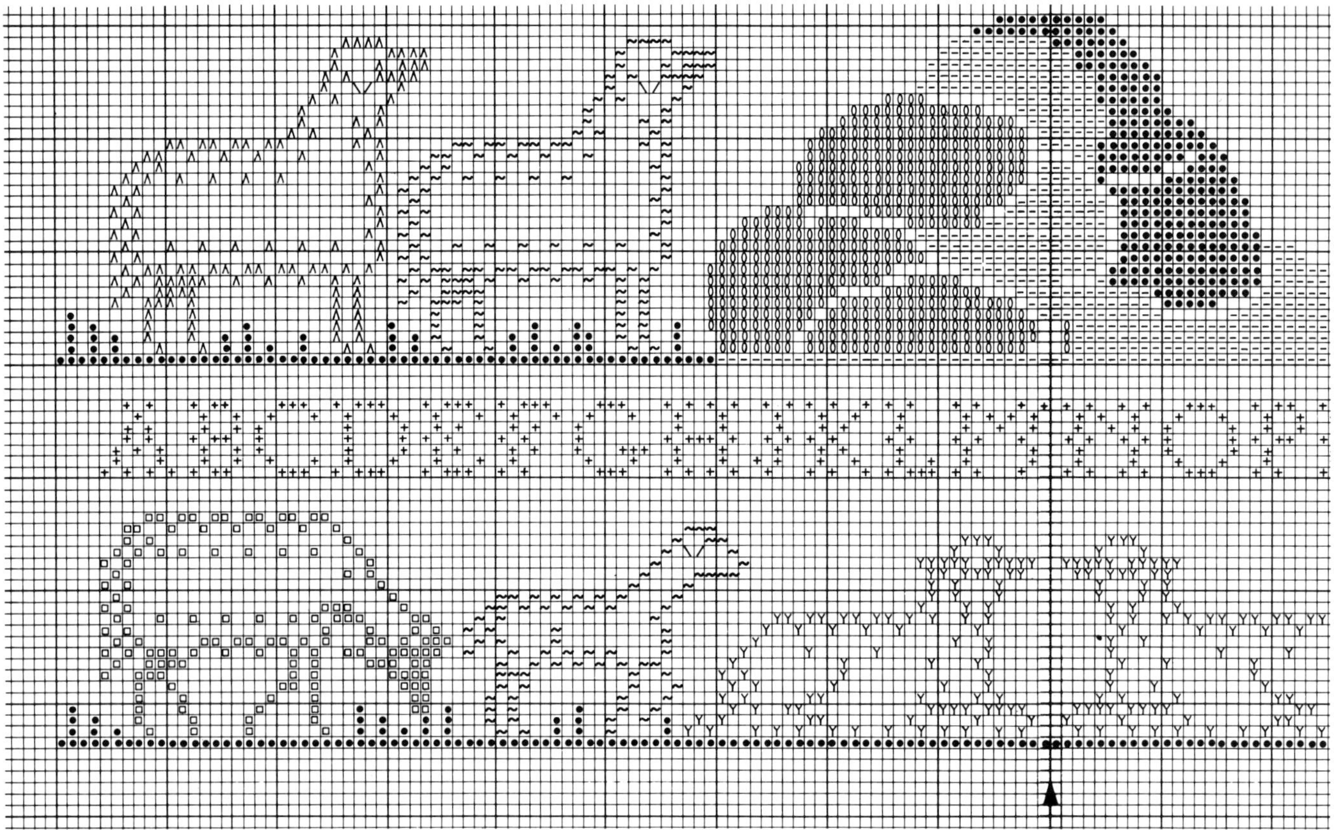

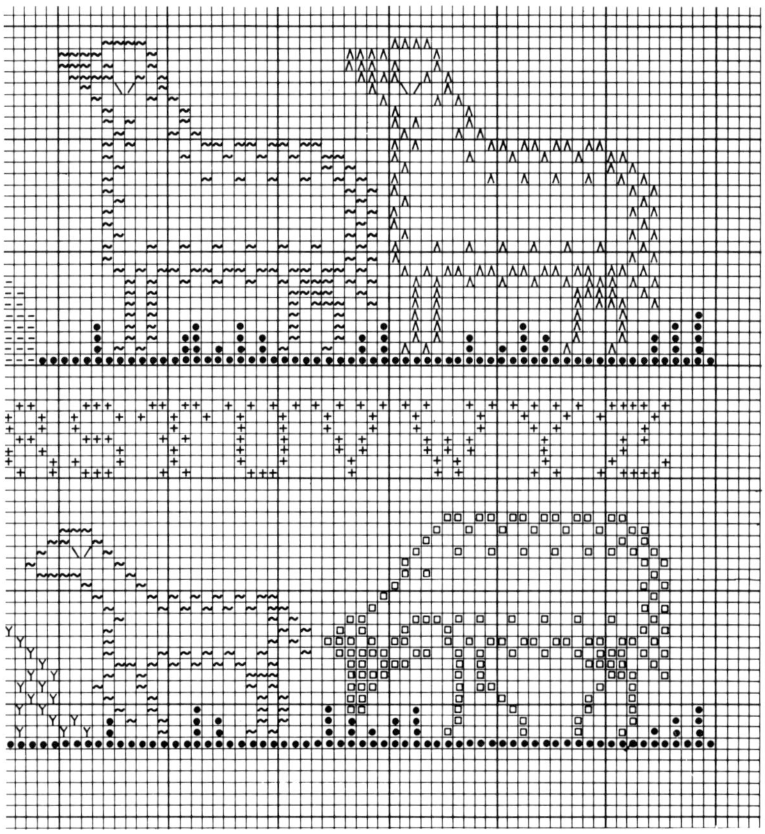

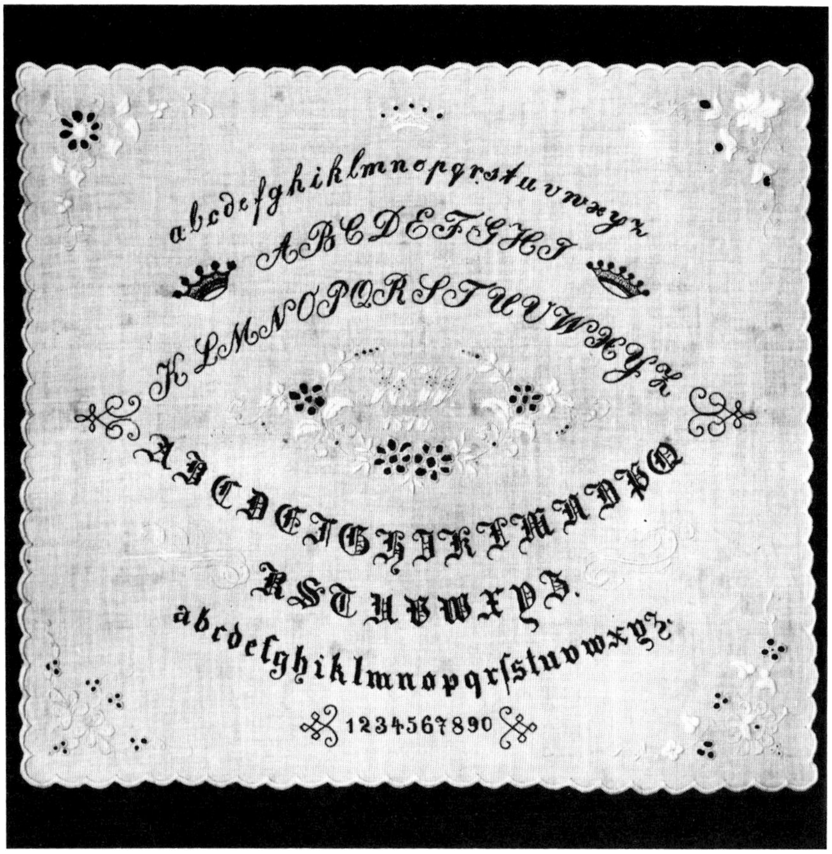

1870 wurde dieses feine Mustertuch in Rot und Weiß gearbeitet. Es enthält neben vier Alphabeten, einer Zahlenreihe, zwei Kronen und vier Schnörkel-Ornamenten in Rot noch in Weißstickerei ausgeführte Plattstich- und Lochmuster.
Zum Übertragen des Musters aus diesem Buch benutzt man am besten Transparentpapier, auf das man die beiden Vorlagenteile durchzeichnet. Danach befestigt man den zu bestickenden Stoff fadengerade auf einer festen Unterlage, legt graues Graphitpapier (Schneider-Kopierpapier) und das Transparentpapier darauf. Alle drei Lagen müssen rutschfest gesichert sein. Nun zeichnet man mit einem Kugelschreiber die ganze Vorlage durch.
Material: dünner Baumwollstoff in Größe der Mustervorlage zuzüglich in Höhe und Breite je 10 cm für Randabstand und Saumeinschlag. Wer die Langettenkante des Original-Sticktuchs nacharbeiten möchte, kommt mit jeweils 6 cm Zugabe aus. Gestickt wird mit einfädigem Sticktwist (MEZ) in Rot und Weiß. Sticharten: Stielstich, Plattstich, unterlegter Plattstich (über vorgezogene Fäden gearbeitet) und Bindlochstich.
Bei den Bindlöchern wird zunächst die Kontur mit kleinen Vorstichen umrandet; danach schneidet man den Stoff innerhalb der Kontur kreuzförmig ein, biegt den Stoff zur Rückseite um und umsticht die Bruchkante dicht mit überwendlichen Stichen. Zum Schluß werden die Stoffüberstände auf der Rückseite abgeschnitten. Kleine Löcher werden nur mit einem Vorstecher (dicke Stricknadel o.ä.) geweitet und umstochen.
Die ganze Stickerei muß in einem Stickrahmen ausgeführt werden.

Seite 34/35
Zeichenvorlage zum Sticktuch oben

abcdefghiklmn
ABCD
KLMNOPQR
187
ABCDEFGH
RSTU
abcdefghiklmn
12345

opqrstuvwxyz
EFGHI
STUVWXYZ
W.
O.
IKLMNOPQ
VWXYZ.
opqrſstuvwxyz
67890

Nicht immer muß ein Stickmustertuch mit farbigem Garn gearbeitet werden. Das Foto zeigt, daß man Buchstaben, Zahlen und Motive auch in Perlenstickerei ausführen kann.
Dazu braucht man Stickperlen in den gewünschten Farben, eine sehr feine Nadel, weißes feines Nähgarn und Zählstoff, sogenannten Aida-Stoff, bei dem 7 Gewebefäden (nicht Kreuze) auf 1 cm gehen. Es geht auch mit Stickleinen Nr. 7, jedoch ergibt der Aida-Stoff ein gleichmäßigeres Perlenbild.
Man kann nach jedem beliebigen Zählmuster arbeiten, wobei jedes Symbol auf der Vorlage einer Perle entspricht. Grundsätzlich arbeitet man wie bei halben Kreuzstichen. Zwischen jedem Ausstich und neuem Einstich wird eine Perle auf den Faden genommen. Das oben gezeigte Sticktuch von 1976 soll nur Anregung sein. Es gibt dazu keine Zählvorlage. Vielen Stickerinnen und Stickern wird es sicher mehr Freude machen, eigene Vorlagen zu entwerfen oder während des Stickens Ideen umzusetzen.

Alphabet in Gobelintechnik. Diese Art, ein Mustertuch zu sticken, ist ungewöhnlich. So hat die Arbeit denn auch in erster Linie dekorativen Charakter. Das fertige Stickbild ist 32 x 25 cm groß. Man stickt Gobelinstiche wie halbe Kreuzstiche reihenweise von links nach rechts, wobei man bei der unteren Reihe beginnt und in Aufwärtsrichtung arbeitet. Material: Mattstickgarn (MEZ) in 8 verschiedenen Farben (für die beiden Grüntöne des Hintergrundes je 3 Stränge), eine Straminnadel, der Garnstärke entsprechend, und Doppelgitter-Stramin, bei dem 4 Gewebekästchen (Löcher) auf 1 cm gehen, 37 x 30 cm groß. Die fertige Stickerei wird gut durchfeuchtet fadengerade auf einer festen Unterlage genau rechtwinklig gespannt und erst nach vollständigem Trocknen abgenommen. Erst jetzt werden die Überstände umgeschlagen und gesäumt.

Die Zählvorlage befindet sich auf Seite 38.

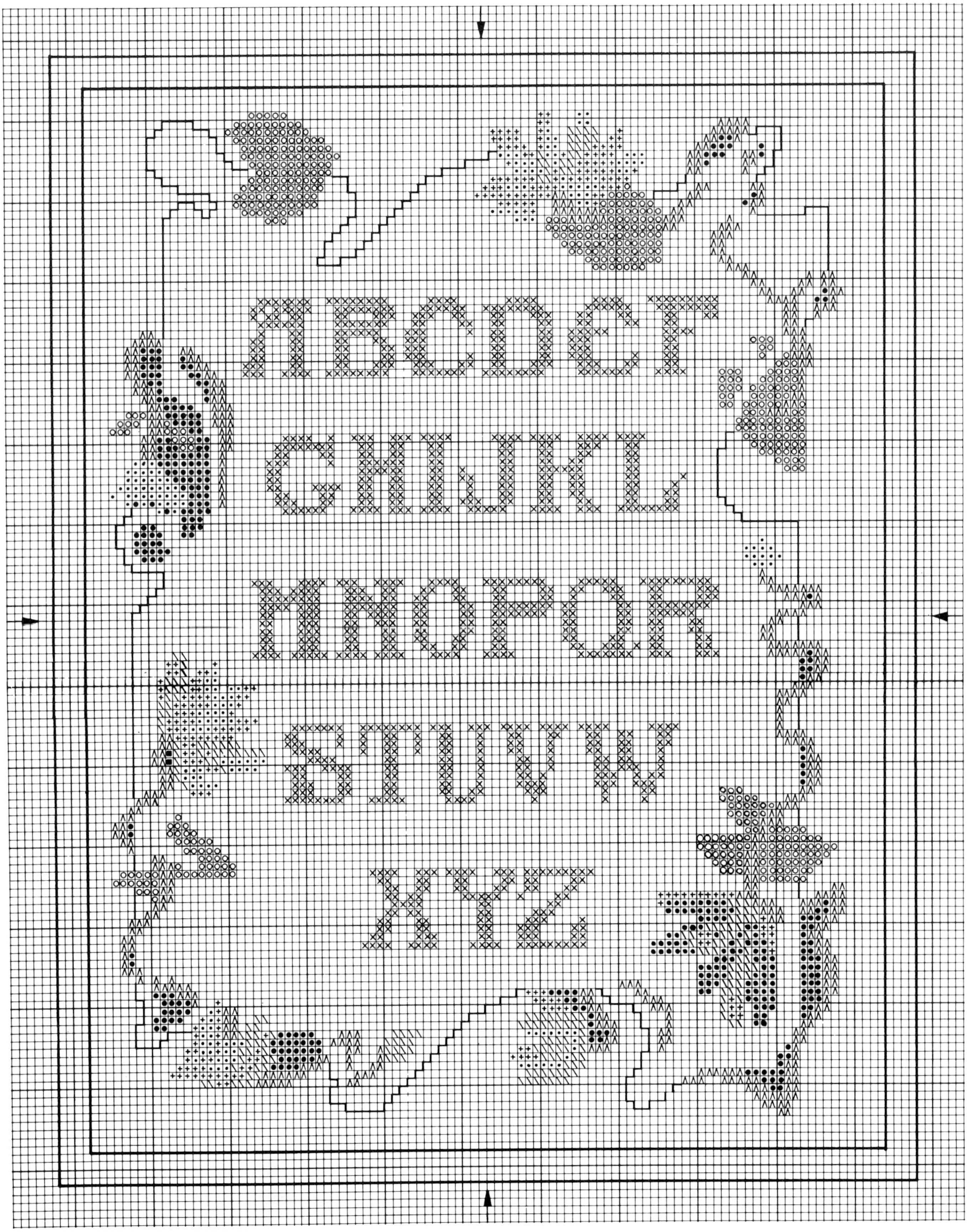

40 130 131 148 217 242 260 280

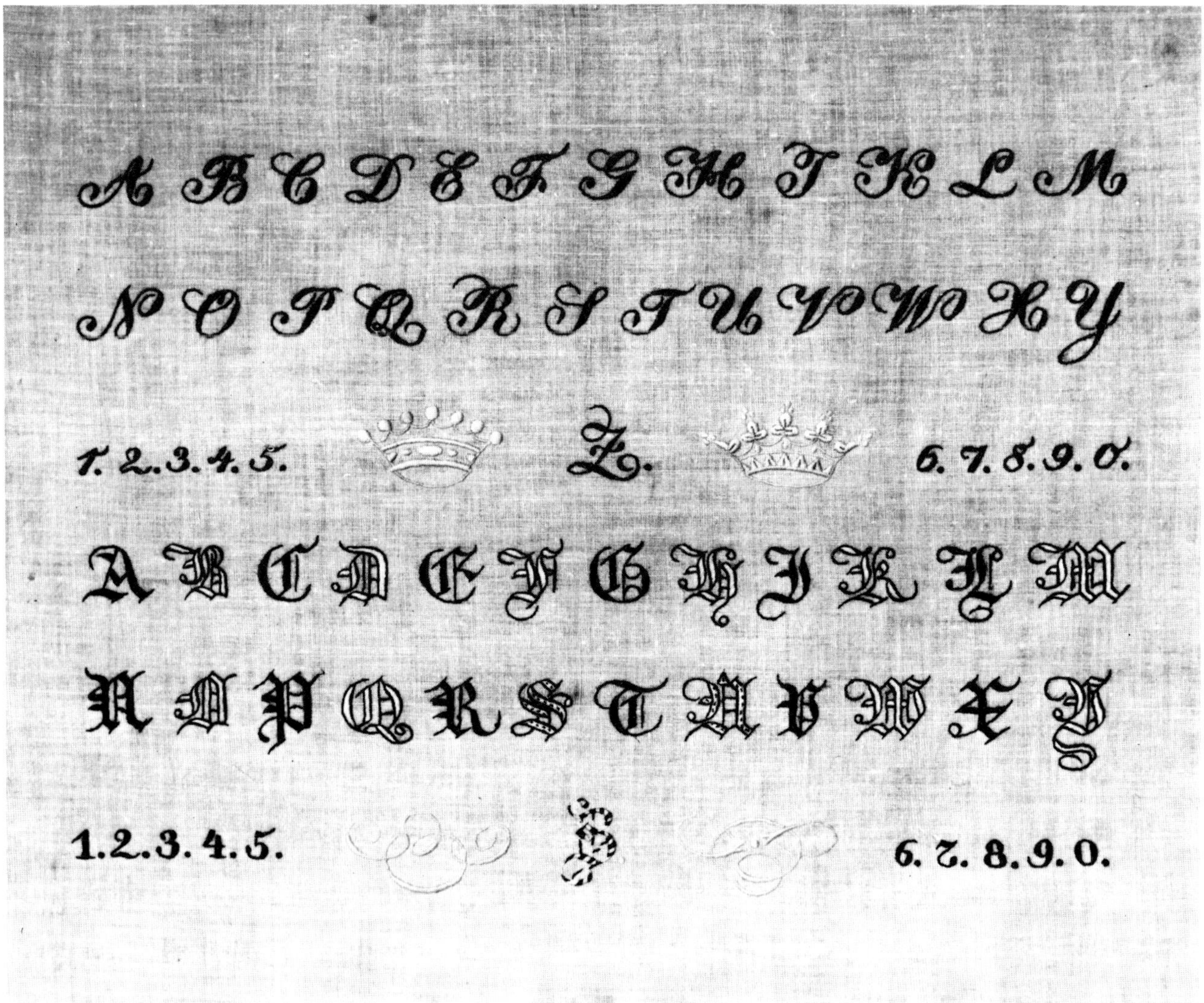

Auf Wäschebatist wurde dieses feine Mustertuch gestickt, und zwar mit dünnstem Baumwollgarn in Rot und Weiß. Sticharten: Plattstich, Stielstich und Knötchenstich. Die zweifarbig gearbeiteten Buchstaben wurden in weißem Plattstich ausgeführt und dann mit rotem Stielstich umrandet. In einigen Fällen wurden nur die Konturen in Rot gestickt und die Innenflächen mit Knötchen ausgefüllt.
Zum Nacharbeiten braucht man Wäschebatist oder feinfädigen Baumwollstoff, roten und weißen Sticktwist (MEZ), der einfädig verarbeitet wird, eine der Garnstärke entsprechende Sticknadel und einen Stickrahmen (Plattsticharbeiten niemals ohne Stickrahmen ausführen). Wie man die Stickvorlage auf den Stoff überträgt, steht auf Seite 18.
Die Musterzeichnung zu diesem Tuch ist auf Seite 40.

A B C D E F G H I K L M

N O P Q R S T U V W X Y

1. 2. 3. 4. 5. Z. 6. 7. 8. 9. 0.

A B C D E F G H I K L M

N O P Q R S T U V W X Y

1. 2. 3. 4. 5. Z. 6. 7. 8. 9. 0.

Für dieses Sticktuch kann man gut alle Reste von Stickgarn verwerten. Aus diesem Grunde ist auch bei der Musterzeichnung auf den nächsten beiden Seiten kein Farbschlüssel angegeben. Stielstich und Plattstich – mehr braucht man hier nicht sticken zu können. Als Grundstoff kann man jedes feine Baumwollgewebe nehmen, das keine Struktur hat. Man arbeitet mit einem Stickrahmen, in den der Stoff gespannt wird.

Zum Übertragen der Musterzeichnungen von den Seiten 42/43 auf den Stoff zeichnet man die Musterteile zuerst auf Transparentpapier durch. Dann spannt man den Stoff fadengerade auf eine feste Unterlage, legt Graphitpapier (Schneider-Kopierpapier) und die Transparentzeichnung darauf. Alle drei Lagen müssen gut gegen Verrutschen gesichert sein, bevor man die Motive durchzeichnet.

ABCD
EFGH
IJKL
MNO
12345
PQRS
TUV
WXY
Z
67890

Drei Buchstaben und ein Teil der Randverzierung eines Buchstabentuches, das es als Materialpackung zum Nacharbeiten zu kaufen gibt (Artikel-Nr. 33380, Bezugsquellen auf Seite 95).
Man arbeitet mit halben Kreuzstichen. Um die Schönheit der einzelnen Buchstaben deutlicher zu machen, wurden die hier gezeigten Muster mit Kreuzstichen in doppelter Größe gestickt.
Die Vergrößerung des Buchstaben B zeigt noch einmal die interessanten Details. Das Alphabet wurde im Jahre 1720 von dem Augsburger Graveur Martin Engelbrecht entworfen und gezeichnet. Die Handschrift befindet sich in einer Sammlung der Universität Amsterdam.

Sticktuch aus dem Jahre 1893 aus Norddeutschland mit Alphabeten, Bordüren und religiösen Motiven. Diese bäuerliche Stickerei besticht durch die Vielzahl an schönen, leuchtenden Farben.

Material: dicke weiche Wolle auf dünnem Doppelgitter-Leinen. Zu diesem Tuch gibt es kein Zählmuster.

Der Ausschnitt aus dem Sticktuch von Seite 45 zeigt ein vielfarbiges Blumenarrangement, bei dem die Farben phantasievoll gewählt sind und nicht der Natur entsprechen. Sticktechnisch ist diese Arbeit mangelhaft: Die Deckstiche verlaufen in wechselnden Richtungen.

Um die plastische Wirkung des Kelches zu erzielen, wurden vier Farben verwendet. Die Ranke zeigt wieder eine sehr eigenwillige, der Natur nicht entsprechende Farbwahl, wie man sie oft bei bäuerlichen Arbeiten findet. Gerade diese Tatsache macht den Charme solcher Stickereien aus.

An diesen vier Arbeiten kann man deutlich erkennen, daß sich Stil und Aufbau der Mustertücher aus dem Stickunterricht zwischen 1865 und 1889 kaum gewandelt haben. Camilla Seifert hat sogar das ganze Datum festgehalten: 4. 12. 1888, was man auf den ersten Blick gar nicht genau erkennt. Auf diesem Tuch finden sich neben zweifarbigen Kreuzstich-Buchstaben auch noch Musterteile im Holbein- und Kästchenstich. Die Kreuzstiche bilden auf der Rückseite der Arbeit ebenfalls Kreuze. Die Buchstaben CS. und LK. dürften die Monogramme der Eltern sein. Für dieses Sticktuch gibt es kein Zählmuster.
Die Zählmuster zu den übrigen drei Sticktüchern, die in Rot mit Sticktwist oder dänischem Blomstergarn einfädig auf Leinen Nr. 12 gearbeitet werden, stehen auf den Seiten 48–52. Die Namen der damaligen Stickerinnen kann man durch den eigenen ersetzen und zu der alten Jahreszahl das Jahr setzen, in dem es nachgestickt wurde. Alle Sticktücher stammen aus dem norddeutschen Raum.

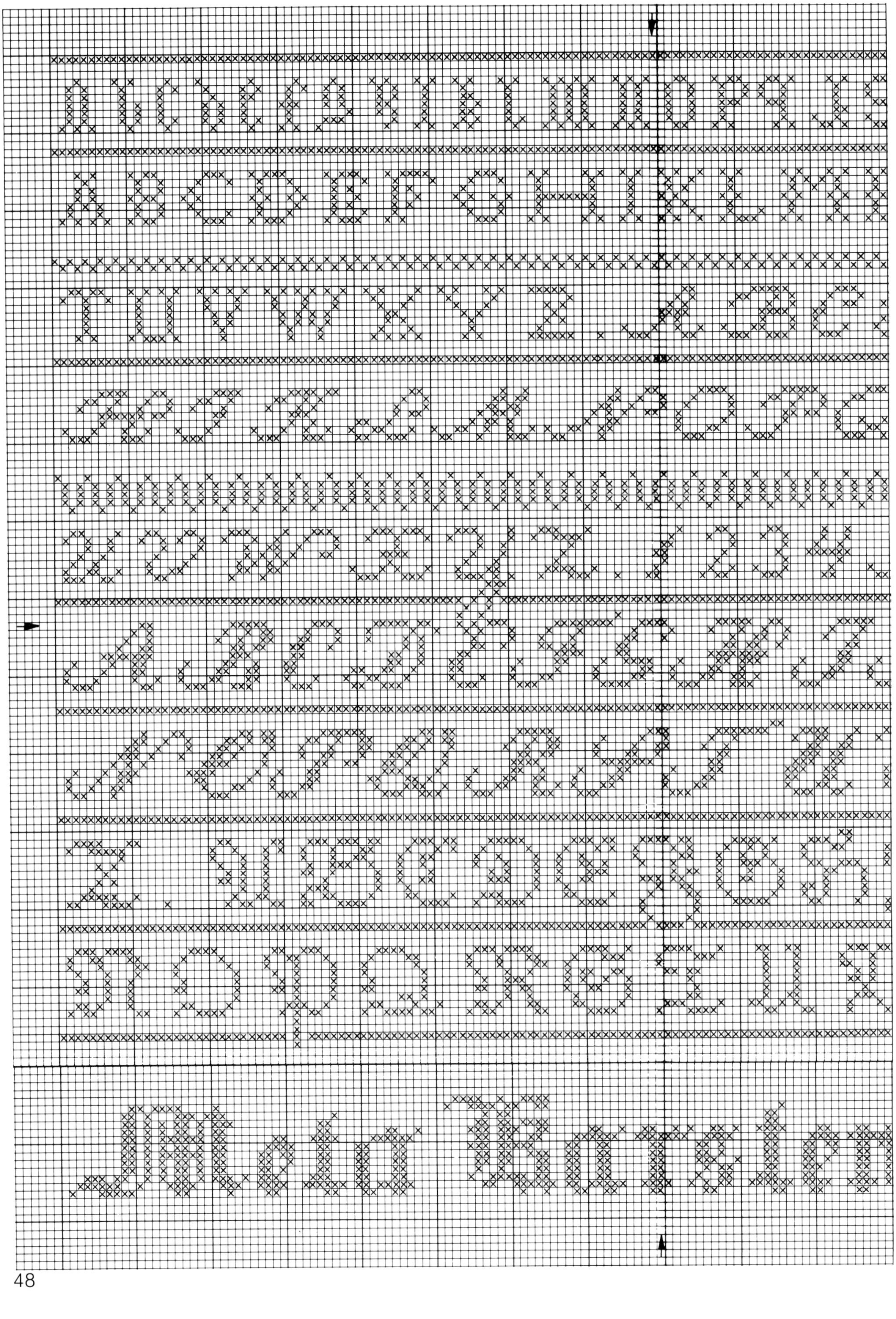

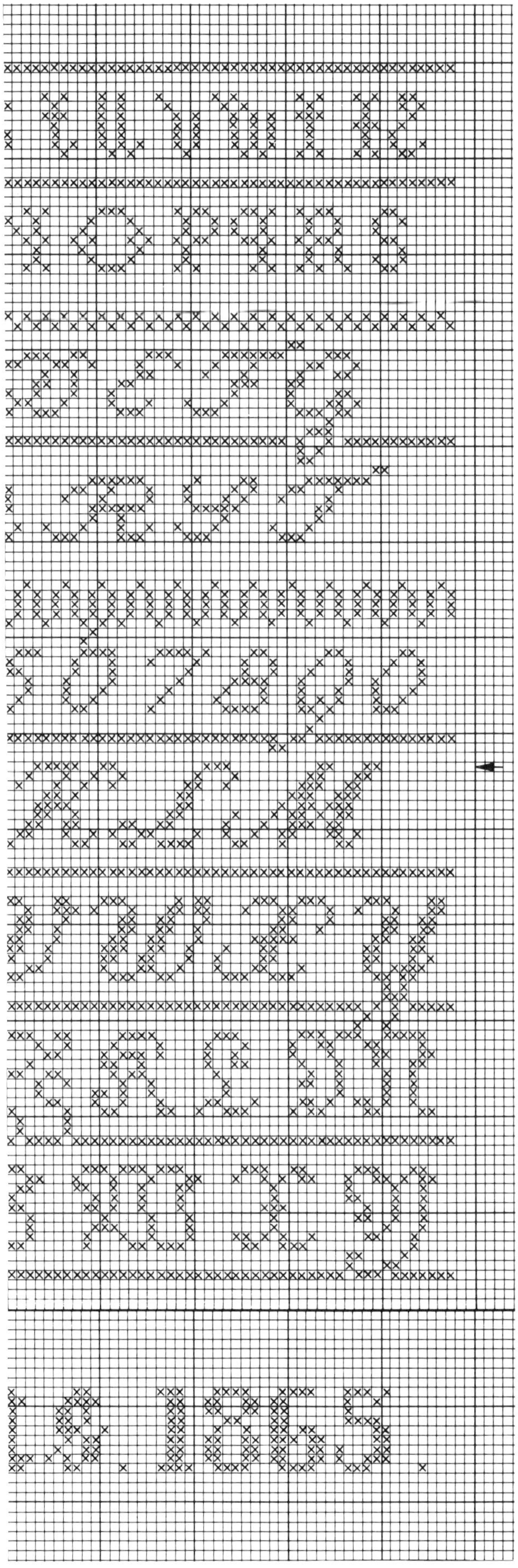

Zählvorlage zum Sticktuch auf dem Foto von Seite 47 oben rechts. Die Pfeile geben die senkrechte und die waagerechte Mitte der Stickerei an.

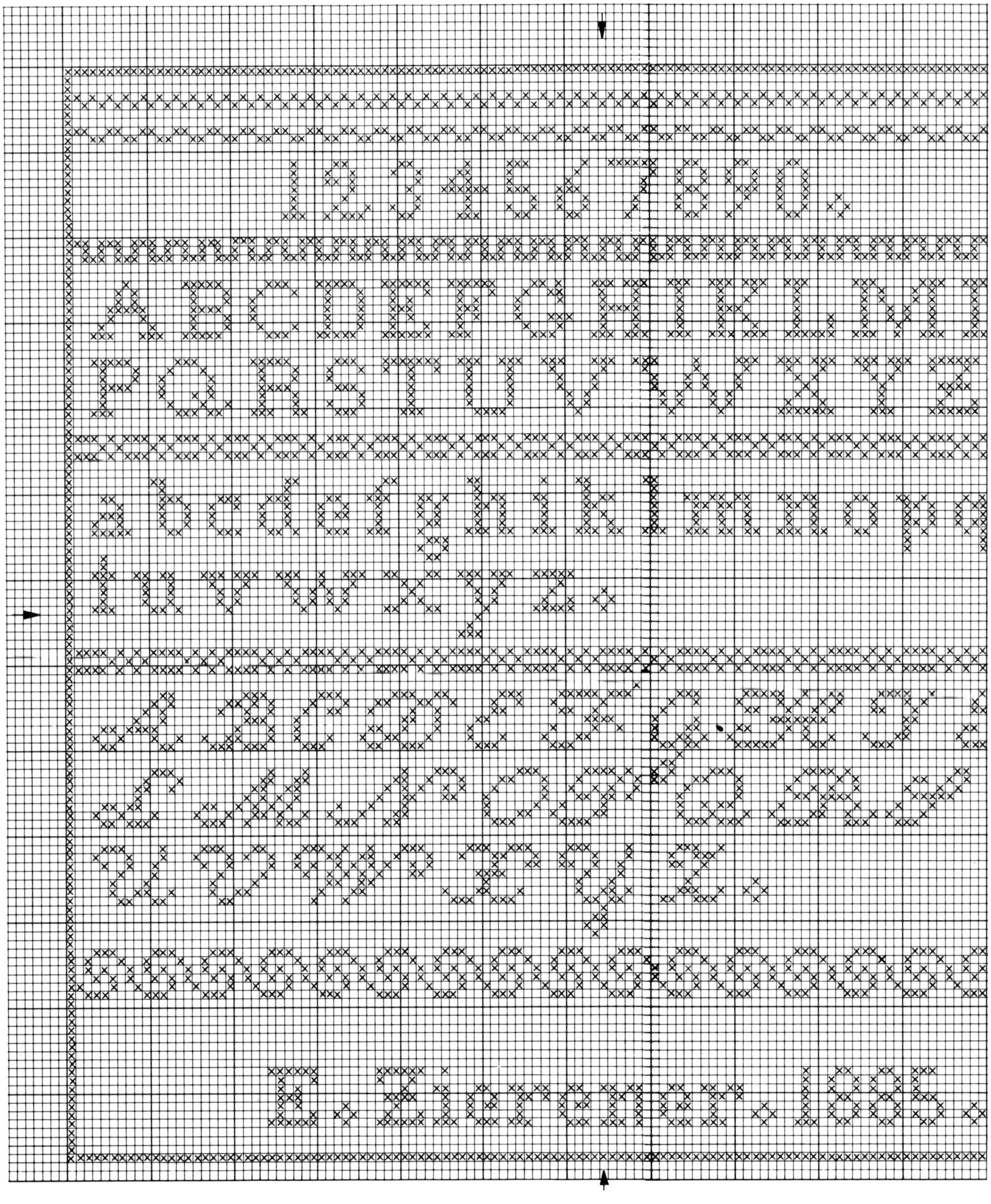

Zählvorlage zum Sticktuch auf dem Foto von Seite 47 unten links. Die Pfeile geben die senkrechte und die waagerechte Mitte der Stickerei an.

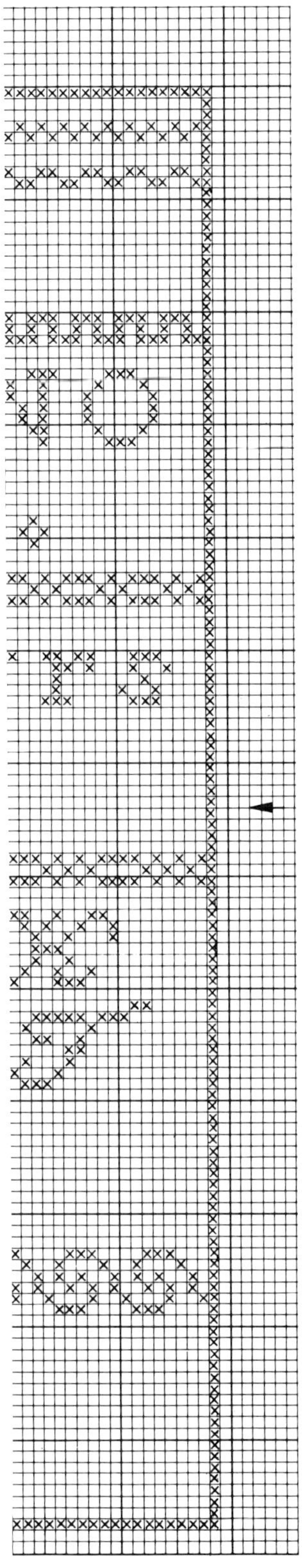

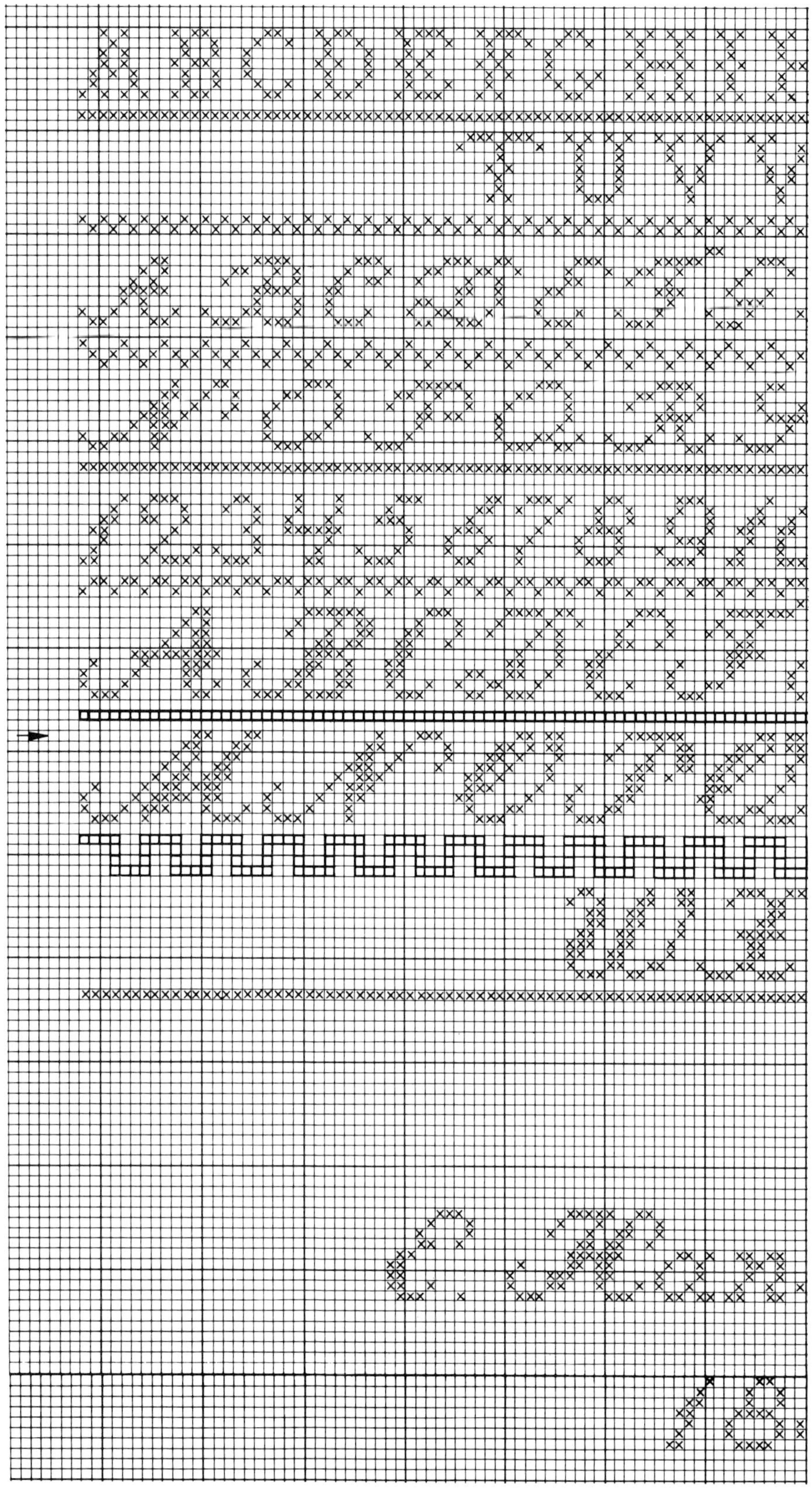

Auf dieser Seite befindet sich neben dem Rest der Vorlage „E. Zierener" der Anfang der Zählvorlage zum Sticktuch, das auf dem Foto von Seite 47 unten rechts gezeigt wird.

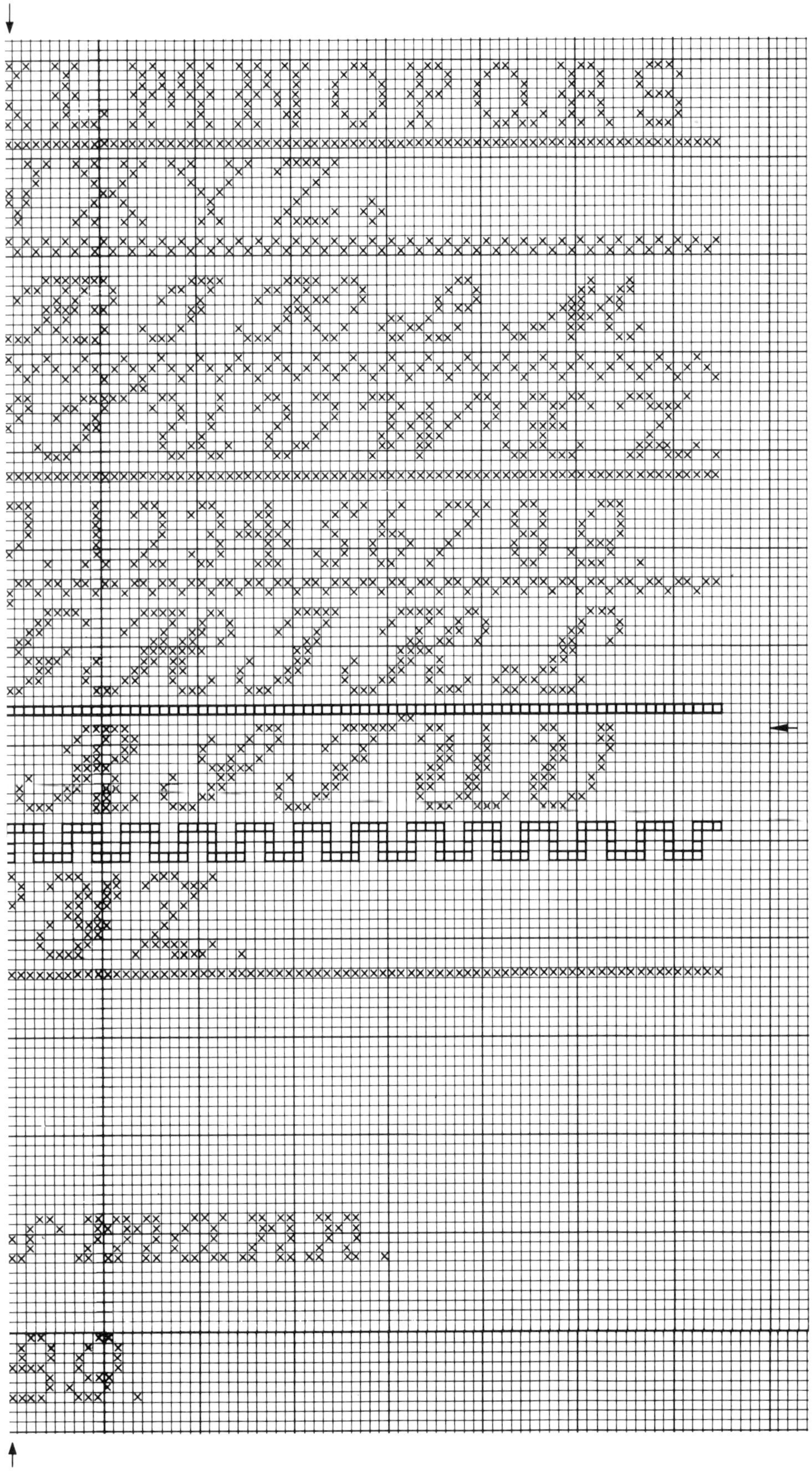

Rechte Hälfte der Zählvorlage von Seite 51. Die Pfeile geben die senkrechte und die waagerechte Mitte der Stickerei an.

Stickmustertuch, nach gestickten alten Einzelmotiven von Vorhängen, Decken und Kleidungsstükken neu entwickelt und zusammengestellt. Größe der Stickerei: 39 x 41 cm (Querformat); benötigter Grundstoff: 47 x 49 cm bei einem Saumeinschlag von 3 cm. Material: dänisches Blomstergarn in den auf Seite 55 angegebenen Farben, Straminnadel Nr. 24, Leinen Nr. 12 (6 Kreuze auf 1 cm). Gestickt wird mit nur einem Faden. Vor Beginn der Arbeit müssen die Kanten umstochen werden, damit sie nicht ausfransen. Danach legt man die senkrechte und waagerechte Mitte der Stikkerei fest und markiert die Stellen mit einem kleinen Faden auf dem Leinen. Mit dem Sticken beginnt man am besten beim großen E des Alphabets und arbeitet dann nach links und rechts weiter. So hat man einen Anhaltspunkt beim Auszählen der weiteren Buchstaben und Motive. Die Zählvorlage steht auf den Seiten 54–56.

Zählvorlage zum Sticktuch auf Seite 53. Die rechte Hälfte des oberen Teils steht auf dieser Seite, die linke auf Seite 55. Der linke untere Teil steht oben auf Seite 56, der rechte untere darunter. Die Pfeile geben die senkrechte und die waagerechte Mitte der Stickerei an.

Symbol	No.
≈	6
×	26
·	34
●	47
+	86
○	203
Λ	215
S	227
Z	236

Dieses Mustertuch wurde gestaltet unter Verwendung von Alphabeten und Motivteilen aus der „Mustersammlung für altdeutsche Leinenstickerei 1880“. Die Zählvorlage zu diesem Tuch steht auf den Seiten 58–61, die Farbnummern für das einfädig zu verarbeitende Garn stehen auf Seite 60. Material: 56 x 46 cm Leinen Nr. 12 (6 Kreuze auf 1 cm), dänisches Blomstergarn, Straminnadel Nr. 24. Größe der Stickerei: 46 x 36 cm.

Zählvorlage zum Stickmustertuch von Seite 57: Linker oberer Teil auf dieser Seite, rechter oberer Teil auf Seite 59, Seite 60 linker unterer Teil, Seite 61 rechter unterer Teil. Die Pfeile geben die senkrechte und die waagerechte Mitte der Stickerei an.

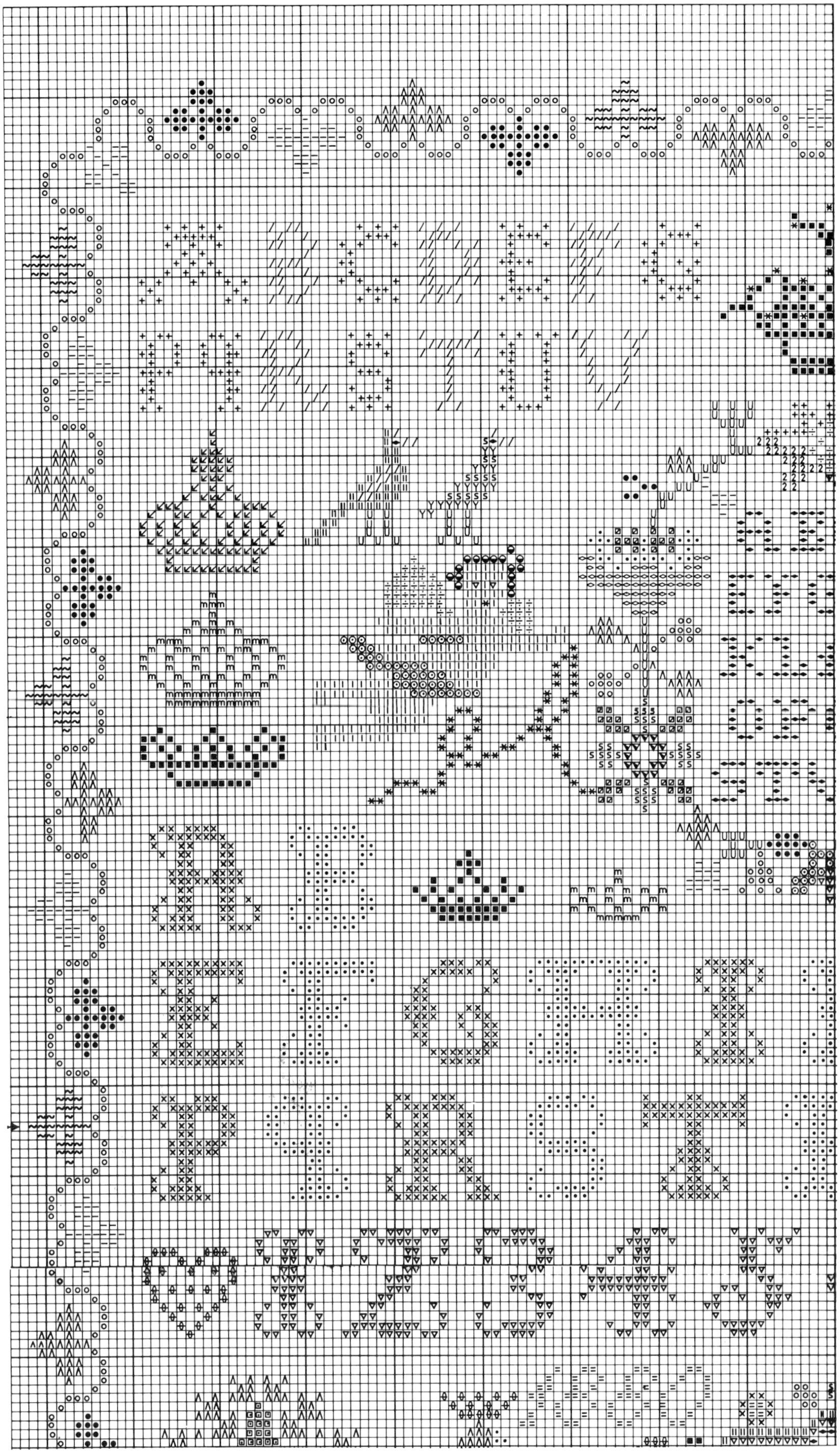

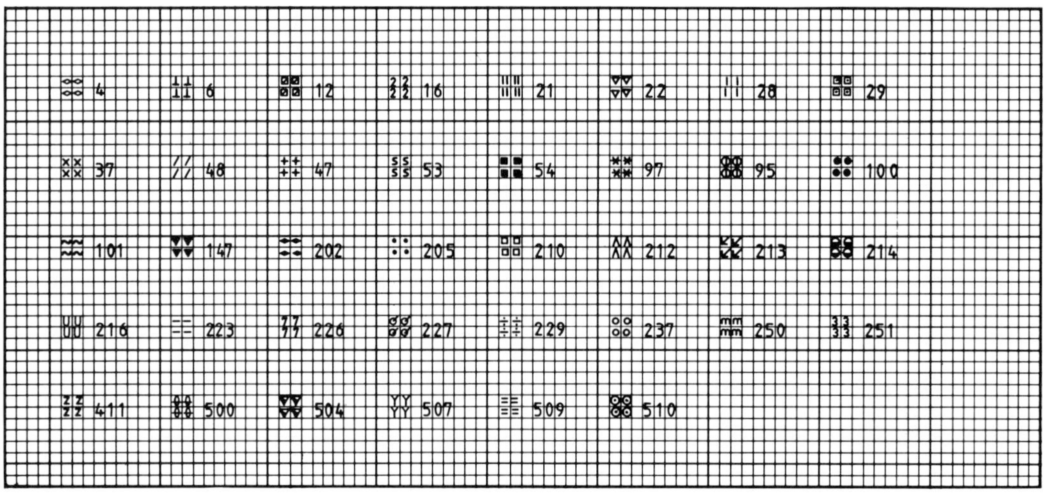
4
6
12
16
21
22
28
29
37
48
47
53
54
97
95
100
101
147
202
205
210
212
213
214
216
223
226
227
229
237
250
251
411
500
504
507
509
510

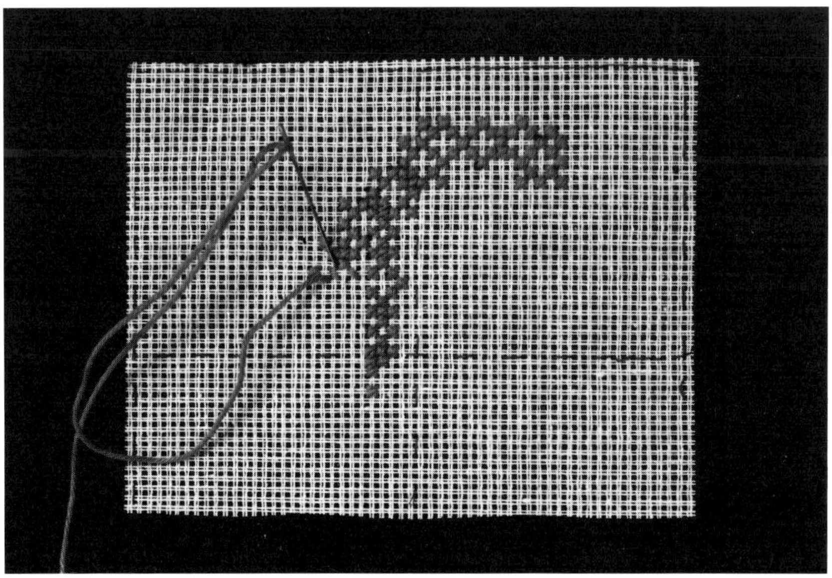

Will man fadengebundene Stickereien auf nicht zählbarem Gewebe ausführen, muß man auf das Gewebe Stramin heften, diesen übersticken und später durch Ziehen der einzelnen Fäden herauslösen. Das geht am besten, wenn man den Stramin vor dem Fadenziehen gut durchfeuchtet, um die Leimung zu lösen.

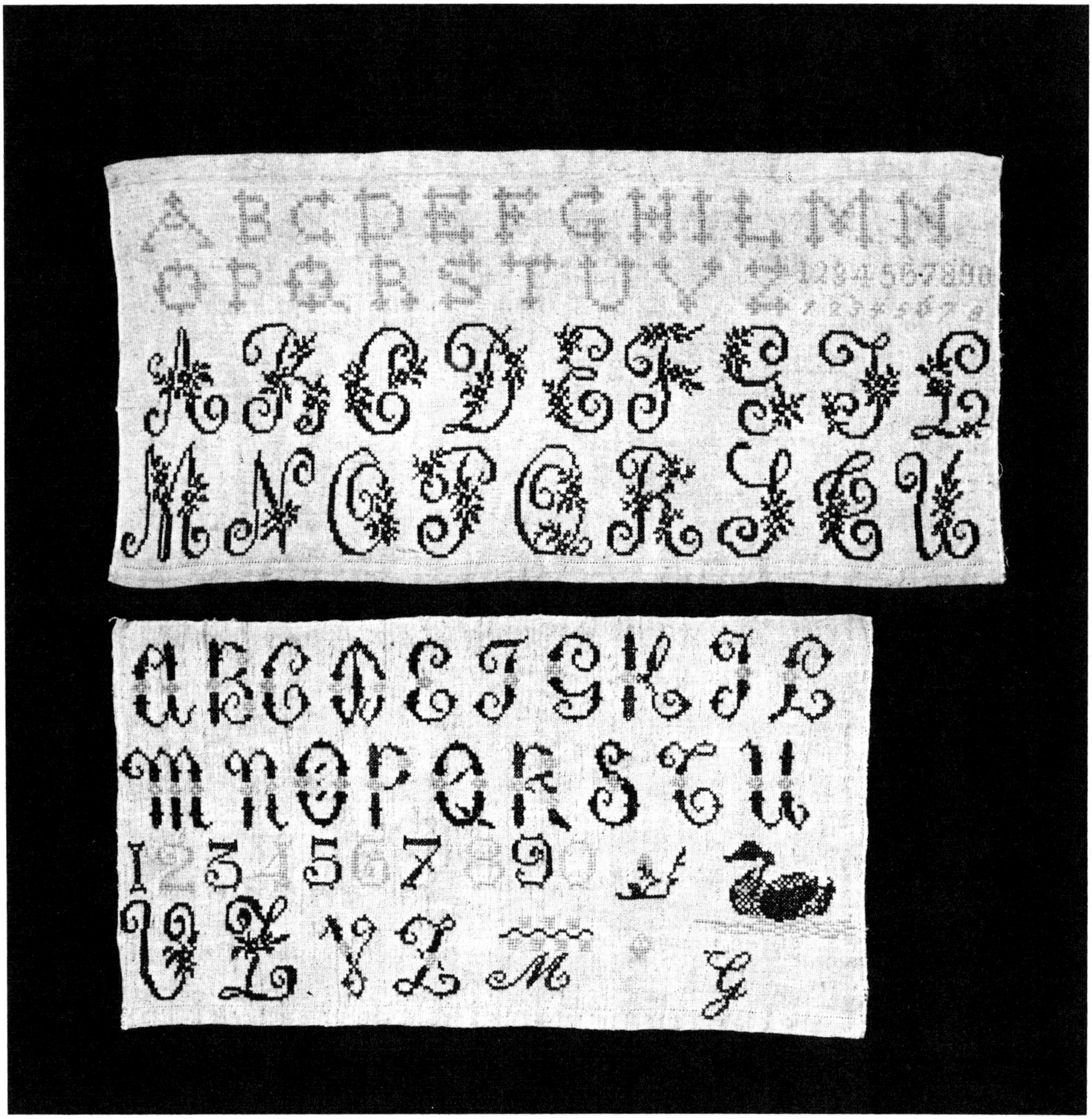

Diese beiden Alphabet-Tücher geben einige Rätsel auf. Sie sind auf gleichem Stoff (graues Bauernleinen) gestickt, haben die gleichen Farben – Rosa, Hellblau, Dunkelblau und Rot –, sind jedoch unterschiedlich groß, nämlich 53 x 25 cm und 45 x 25 cm. Die beiden auf dem oberen Tuch fehlenden Buchstaben des unteren Alphabets, V und Z, befinden sich am Anfang der letzten Reihe des unteren Sticktuchs. Neben diesen beiden Buchstaben befinden sich wiederum V und Z eines anderen Alphabets, das auf beiden Sticktüchern nicht enthalten ist.
Die Zählvorlagen für beide Tücher stehen auf den Seiten 63–67. Zum Nachsticken braucht man Leinen Nr. 12 (6 Kreuze auf 1 cm), dänisches Blomstergarn, dem Farbschlüssel auf Seite 64 entsprechend, das einfädig verarbeitet wird, und eine Straminnadel Nr. 24. Für das längere Tuch braucht man 62 x 34, für das kürzere 54 x 34 cm Stoff. Die Alphabete beider Tücher lassen sich selbstverständlich auch zu einem Mustertuch zusammenfassen.

Linker Teil des Zählmusters zum oberen Sticktuch auf Seite 62, der mittlere Teil befindet sich auf Seite 64, der rechte auf Seite 65 links. Die Pfeile geben die senkrechte und die waagerechte Mitte der Stickerei an.

xx hellblau ●● dunkelblau ++ rot

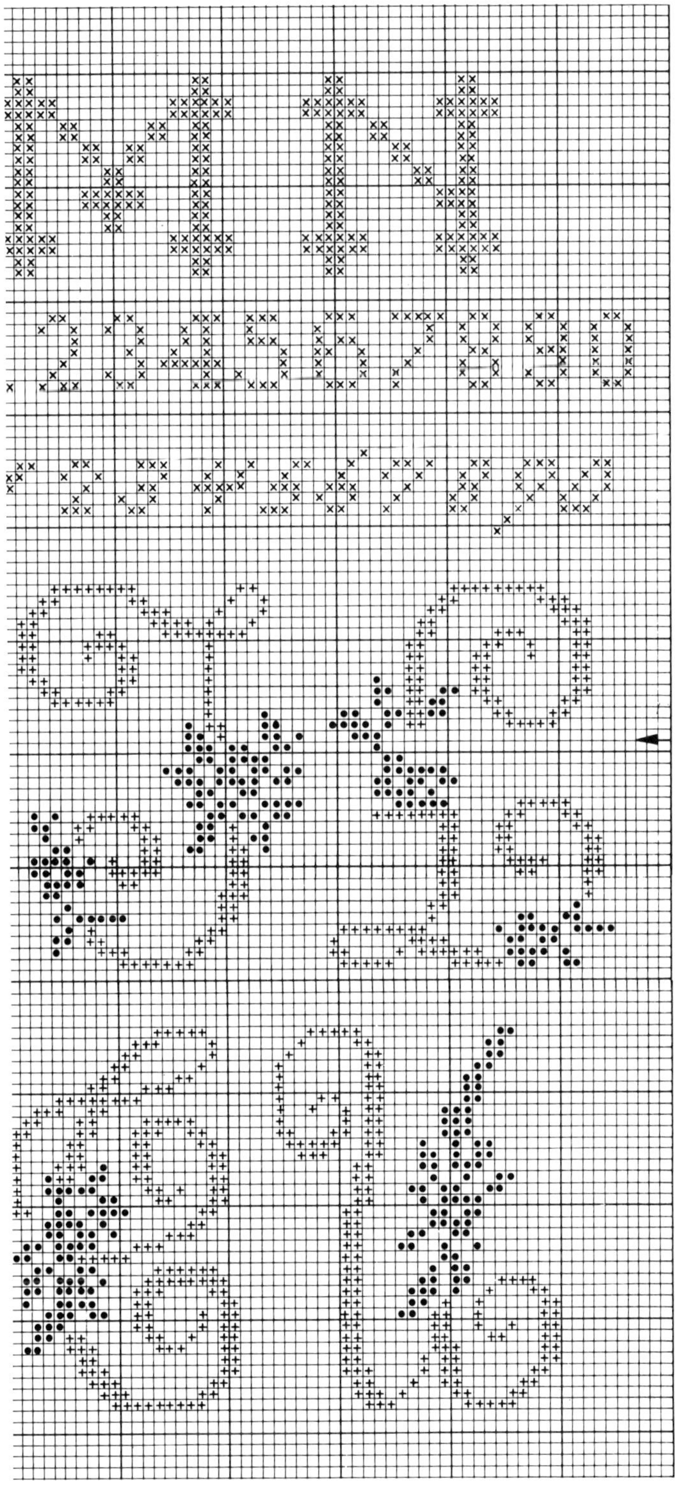

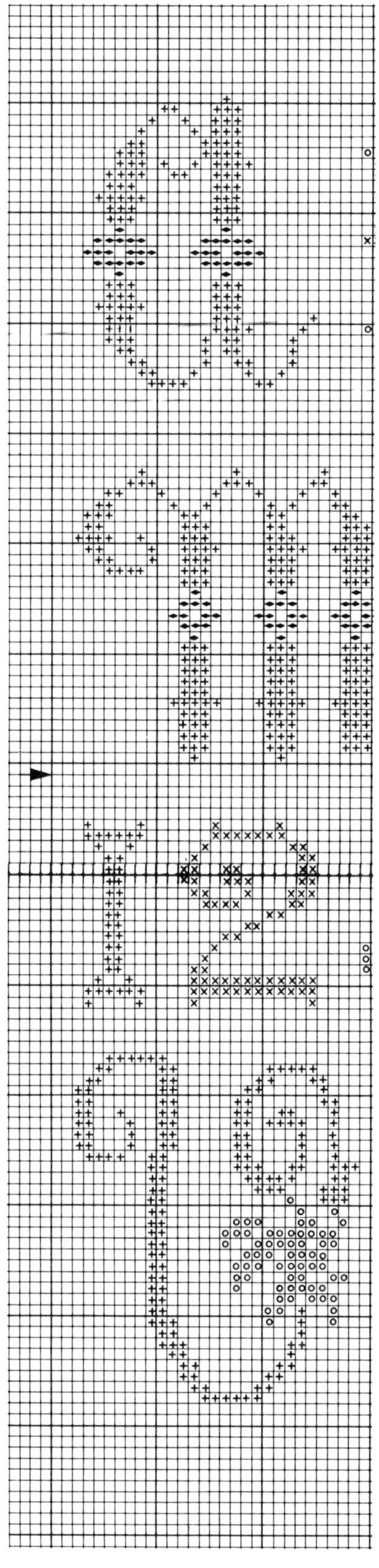

Rechter Teil der Zählvorlage zum oberen Sticktuch vom Foto auf Seite 62 und linker Teil des unteren Sticktuchs auf demselben Foto. Die Symbole auf Seite 64 geben die Farben für die Stickerei des oberen Tuches an.

Mittlerer Teil der Zählvorlage zum unteren Sticktuch auf dem Foto von Seite 62. Auf Seite 67 steht der rechte Teil dieser Vorlage, der linke auf Seite 65. Die Pfeile geben die senkrechte und die waagerechte Mitte der Stickerei an.

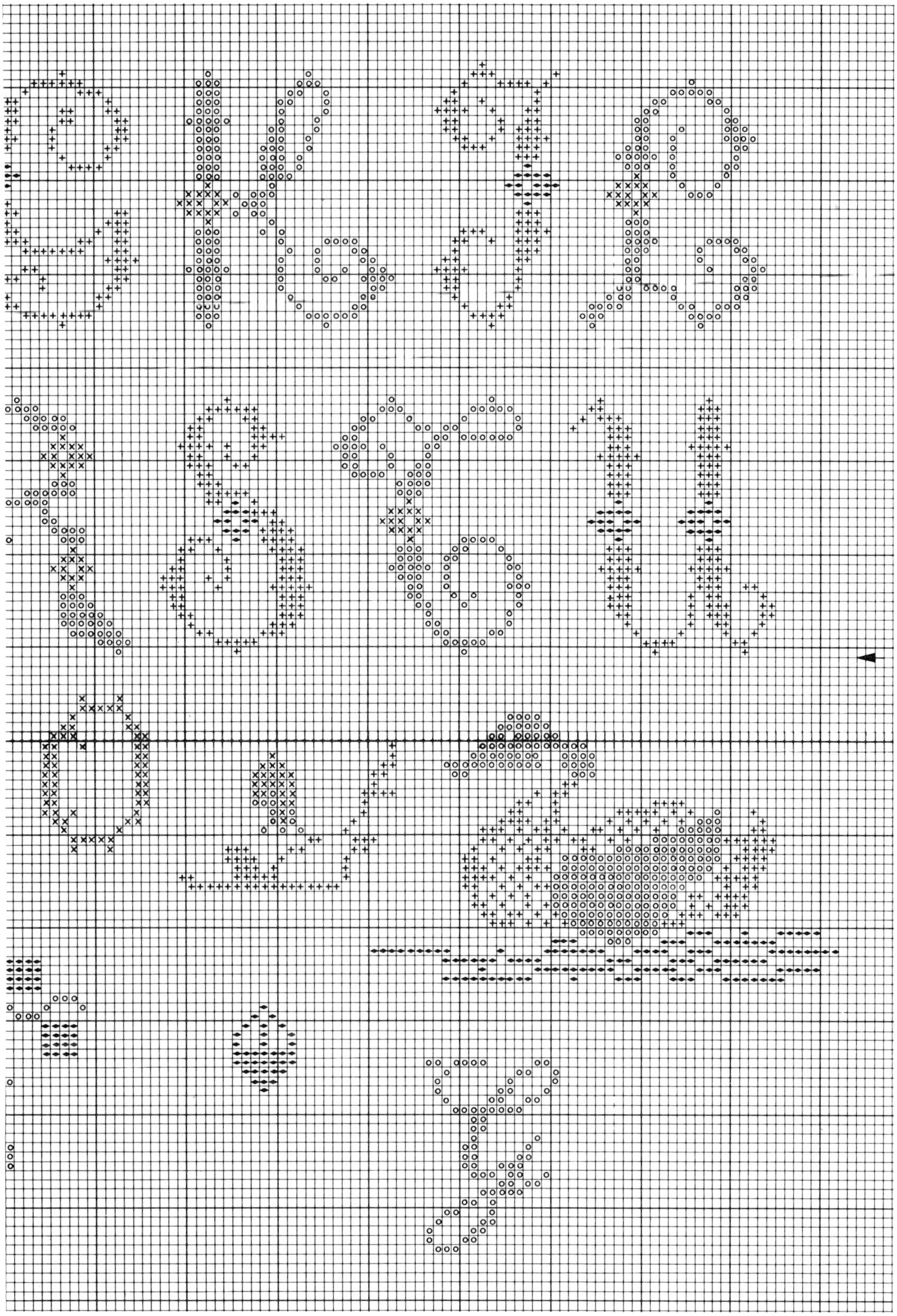

++ rot

xx rosa

oo dunkelblau

== hellblau

Ein wahrhaft himmlisches Sticktuch mit Engeln und Rosen, das jede romantische Stickerin zum Nacharbeiten anregt. Anordnung und Symbolik der Motive eignen sich auch für ein Erinnerungstuch zur Geburt eines Kindes. Anstelle des Alphabets stickt man den Namen des Kindes unter die Rosenranken, rechts und links zwischen die Engelgruppen die Initialen der Eltern, Großeltern oder Taufpaten und in das Oval das Geburtsdatum. Die untere Zahlenreihe läßt man weg.
Das Zählmuster zu der abgebildeten Stickerei befindet sich auf den folgenden drei Seiten. Größe der bestickten Fläche: 40 x 33,2 cm. Material: dänisches Blomstergarn, einfädig zu verarbeiten, in den auf Seite 71 angegebenen Farben, je Farbe ein Strang, eine Straminnadel Nr. 24, Leinen Nr. 12 (6 Kreuze auf 1 cm), 49 x 40 cm groß. Vor Beginn der Stickerei befestigt man die Fäden der Schnittkanten durch Umschlingen mit Nähgarn. Dann markiert man mit kleinen Fäden die senkrechte und die waagerechte Mitte der Arbeit, das erleichtert das Abzählen der Gewebefäden.

Die Zählvorlage zum Stickmustertuch auf Seite 68 ist wie folgt geteilt: Seite 69 linker oberer Teil, auf dieser Seite rechter oberer Teil, Seite 71 oben der linke untere Teil, darunter der rechte untere Teil. Die Pfeile geben die senkrechte und die waagerechte Mitte der Stickerei an.

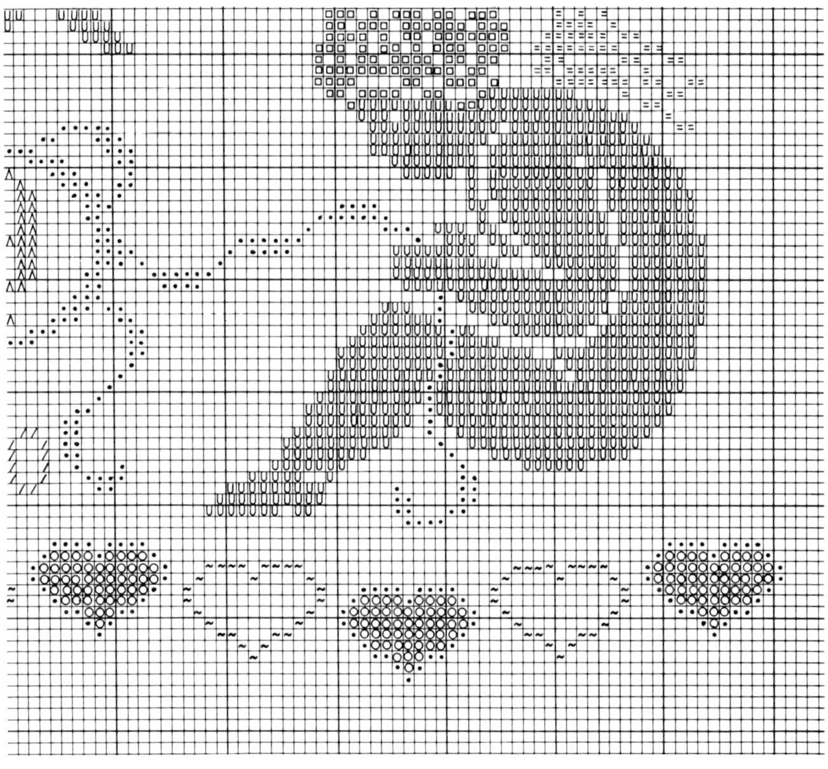

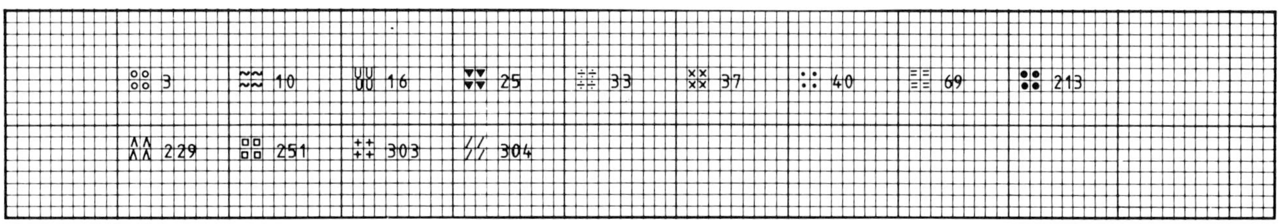
3
10
16
25
33
37
40
69
213
229
251
303
304

Vielfarbig ist dieses Sticktuch, das um 1890 entstanden sein dürfte. Vermutlich handelt es sich um eine Arbeit aus dem Stickunterricht, die nicht so ganz im Sinne der Lehrerin gelungen ist, wie man an den mit W und P überstickten Randmarkierungen feststellen kann. Dennoch ist dieses Mustertuch sehr dekorativ und außerdem leicht nachzusticken. Die Zählvorlage befindet sich auf den Seiten 73–75. Material: dänisches Blomstergarn, das einfädig verarbeitet wird, in Farben eigener Wahl. Man kann anstelle des Blomstergarnes auch zweifädigen Sticktwist oder Perlgarn (MEZ) verarbeiten.
Die Stärke der Straminnadel sollte der des Garnes entsprechen. Grundstoff: Leinen Nr. 10,5 (5 1/4 Kreuze auf 1 cm), 40 x 37 cm groß (Hochformat einschließlich Saumzugaben).

Rechte Seite
Linker oberer Teil der Zählvorlage zum Stickmustertuch oben. Die beiden letzten Zeilen stehen auf Seite 75. Die Pfeile geben die senkrechte und die waagerechte Mitte der Stickerei an.

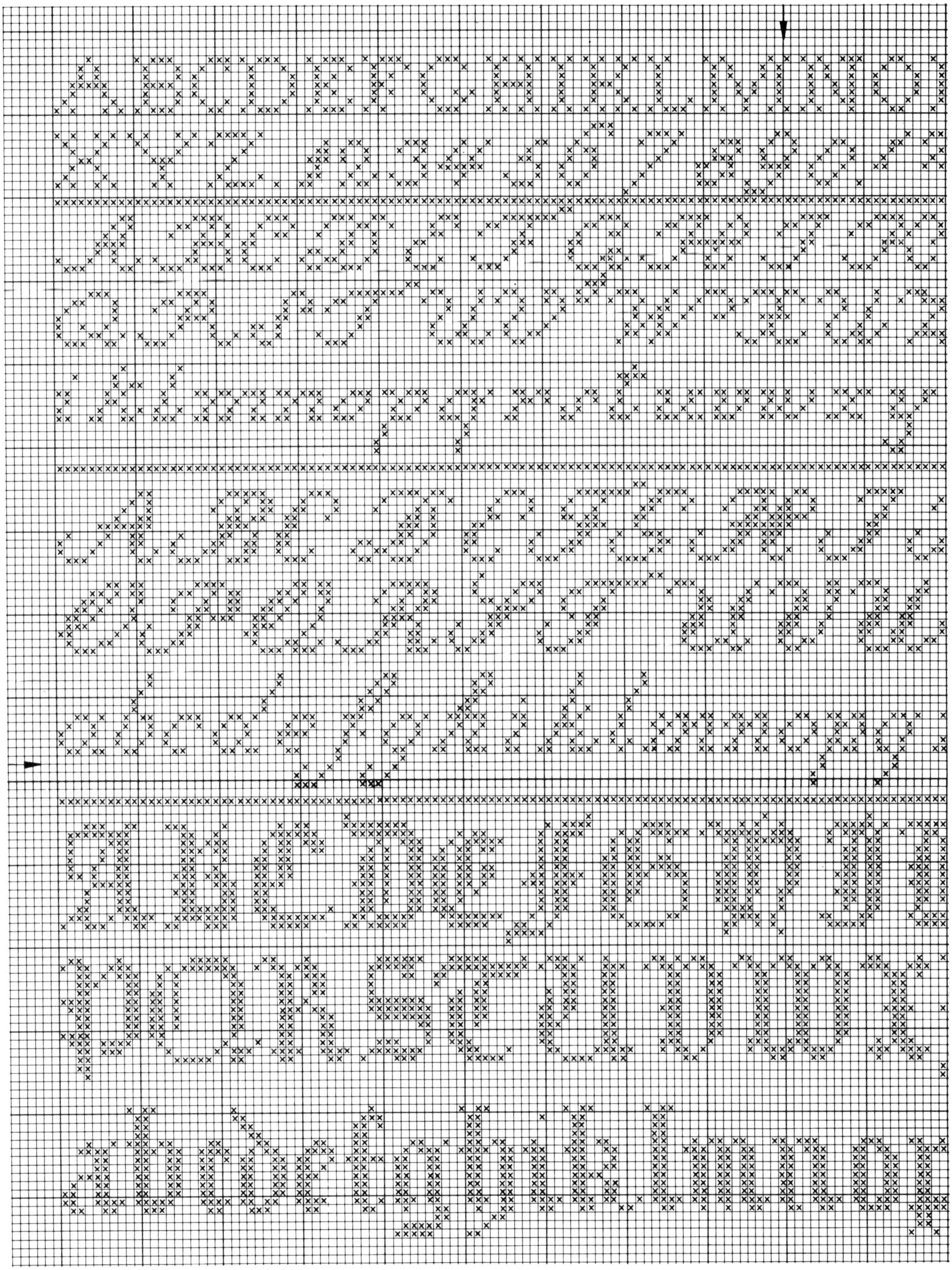

Rechter oberer Teil der Zählvorlage zum Stickmustertuch von Seite 72. Seite 75: die beiden letzten Zeilen, linker Teil oben, rechter Teil darunter.

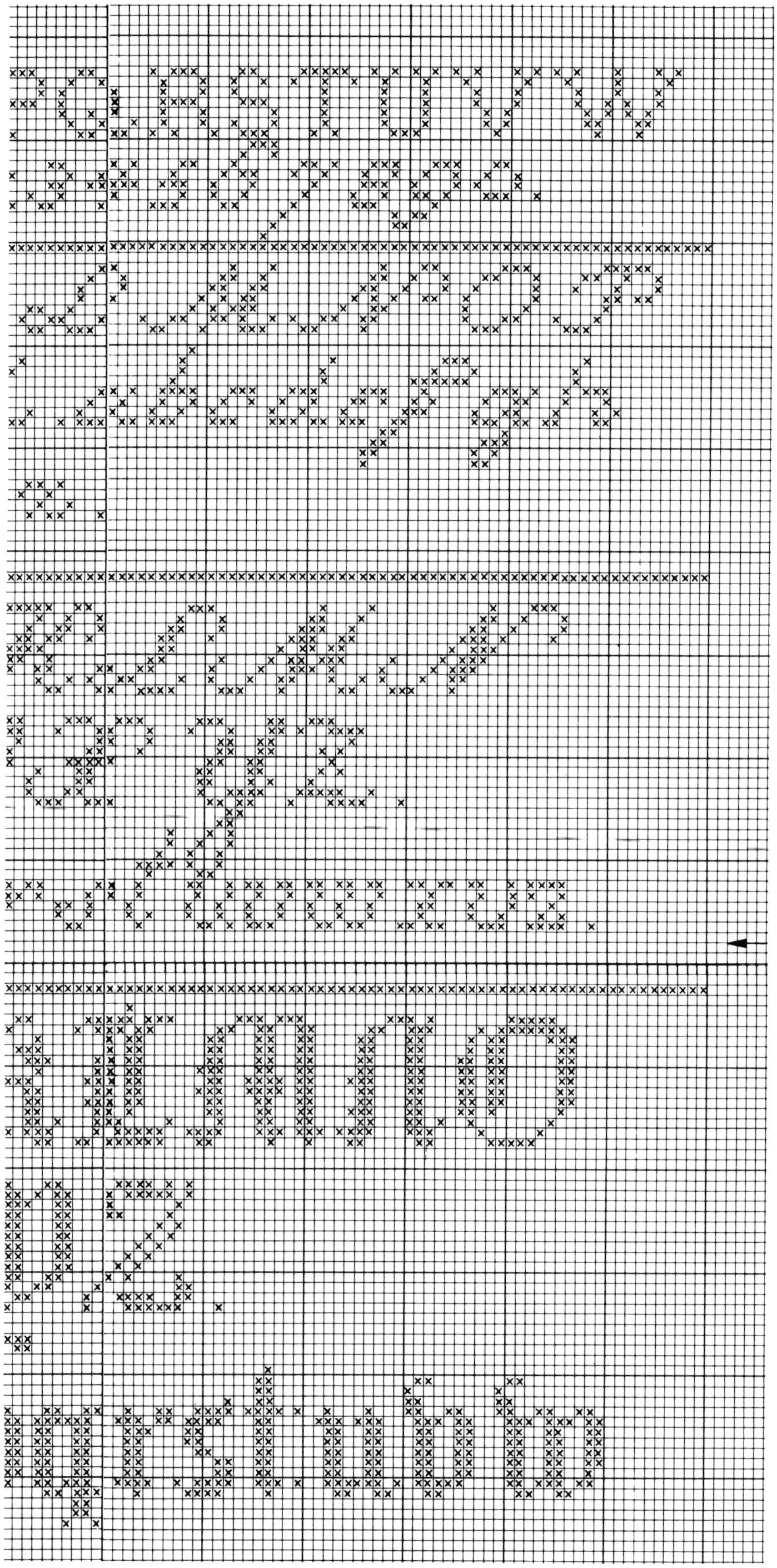

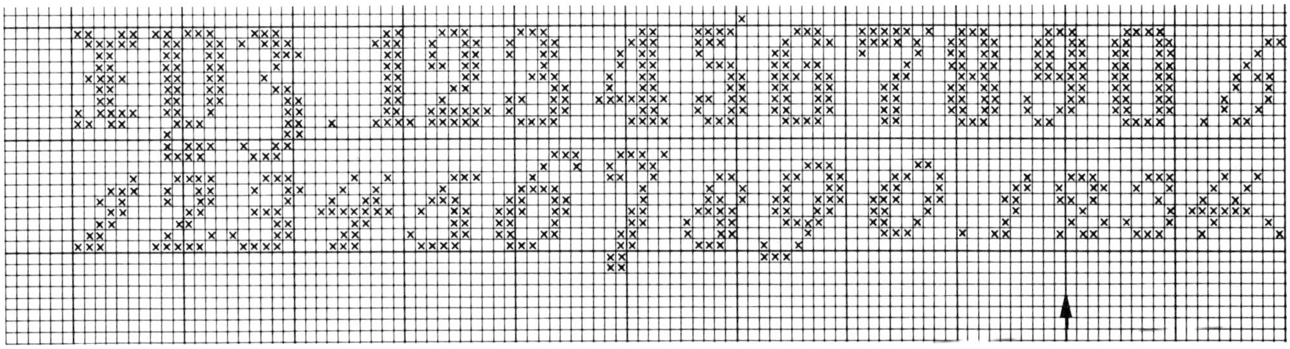

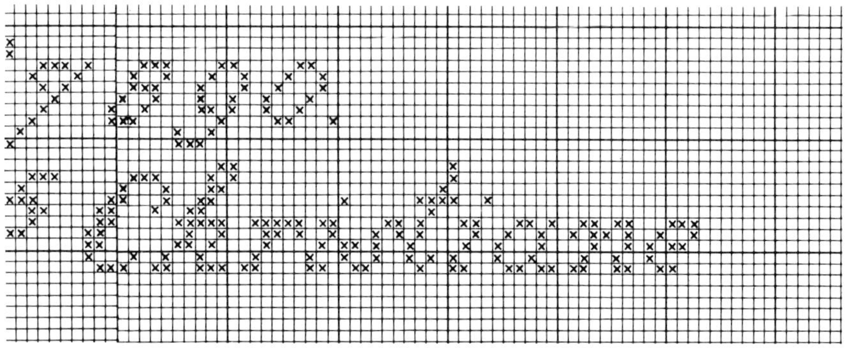

Stickmustertuch aus der Zeit um 1800. Material: Seidengarn auf Woll-Leinen. Maße: 49 x 33 cm. Wie man in der unteren Mitte erkennen kann, wurden die Motivumrisse direkt auf den Stoff gezeichnet und dann nachgestickt. Victoria and Albert Museum, London

Auch ein Mustertuch mit nur einem Schmuckalphabet kann sehr dekorativ sein. Man kann die einzelnen Buchstaben außerdem gut zur Verzierung von Kleidung oder textilen Gebrauchsgegenständen verwenden. Aus 22 Farben besteht die Komposition, die auf einem alten italienischen Alphabet basiert. Die Stickerei ist 44 x 40,5 cm groß. Die Zählvorlage hierzu befindet sich auf den Seiten 77–80. Material: dänisches Blomstergarn, den Farbnummern auf Seite 79 entsprechend. Je Farbe wird ein Strang benötigt. Dazu eine Straminnadel Nr. 24. Grundstoff: Leinen Nr. 12 (6 Kreuze auf 1 cm), 54 x 50,5 cm groß (Saumeinschlag 3 cm an allen vier Seiten).
Zu Beginn der Arbeit wird der Stoff an allen Schnittkanten mit Nähgarn umstochen, damit er nicht ausfranst. Danach markiert man auf dem Stoff die waagerechte und senkrechte Mitte mit Fäden, das erleichtert das Auszählen der Gewebefäden am Anfang der Stickerei. Später kann man sich nach den bereits gestickten Kreuzen richten.

Rechte Seite
Linker oberer Teil der Zählvorlage zum Stickmustertuch oben. Die Pfeile geben die senkrechte und die waagerechte Mitte der Stickerei an. Die obere rechte Seite der Vorlage steht auf Seite 78, die untere linke auf Seite 79, die untere rechte auf Seite 80.

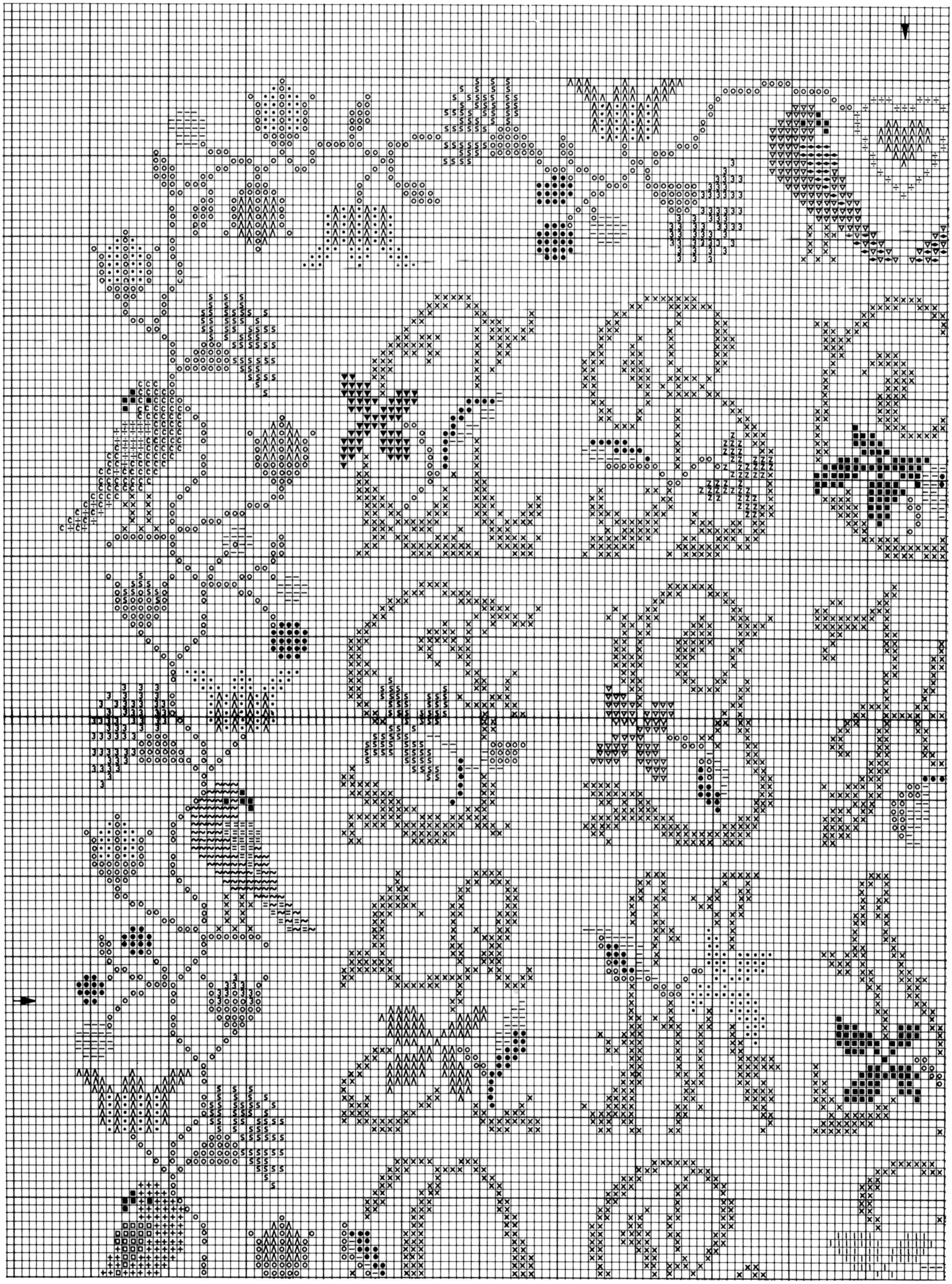

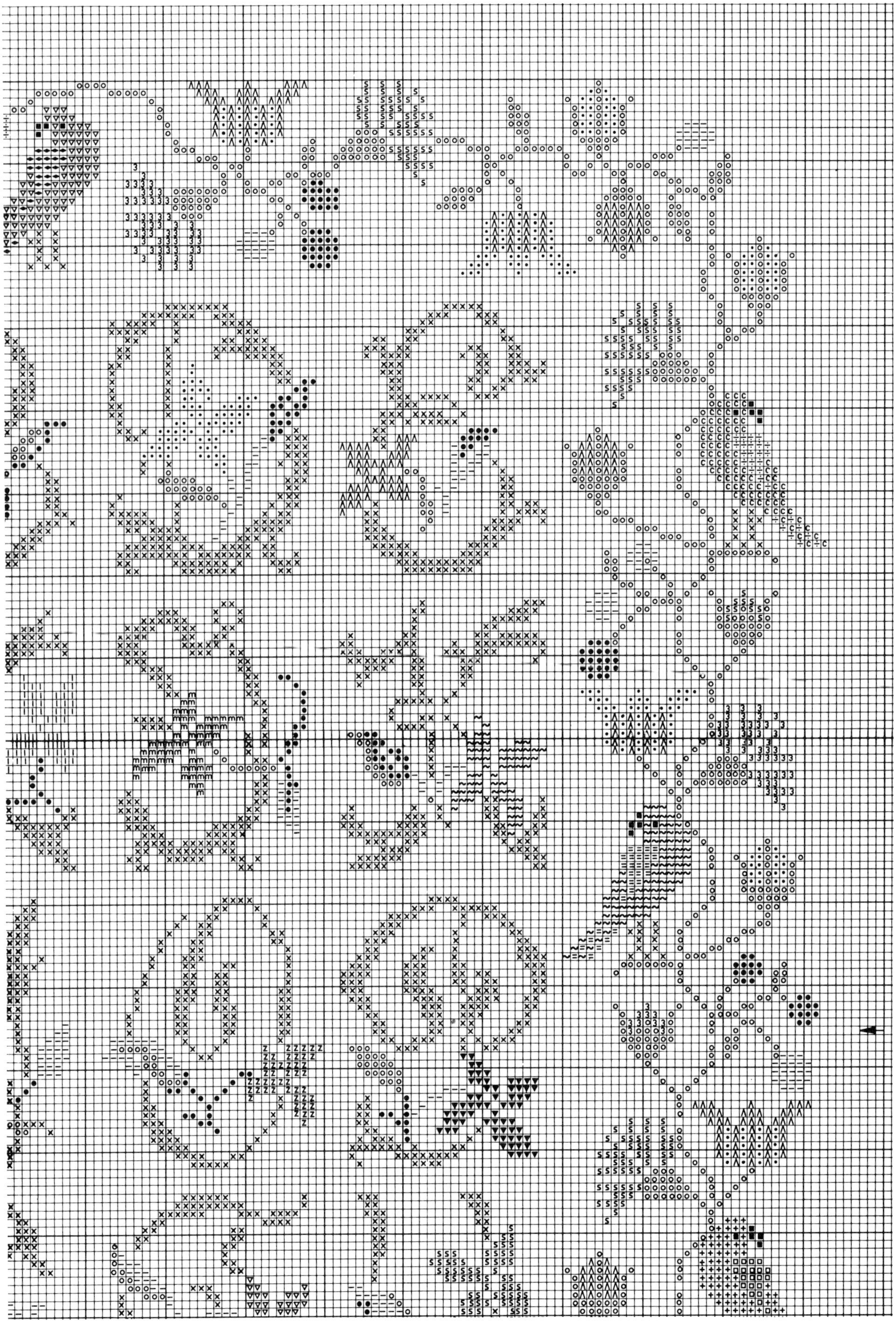

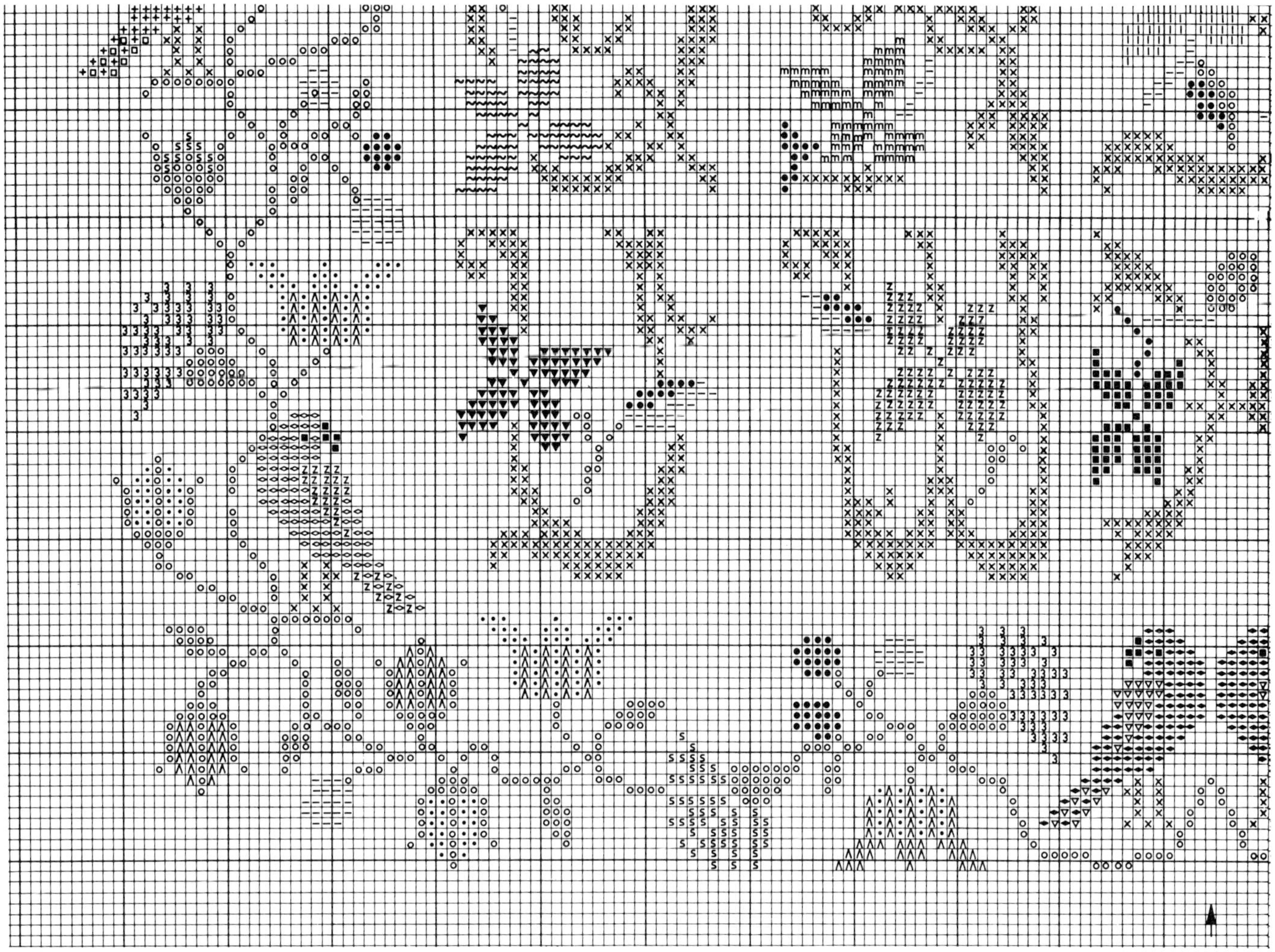

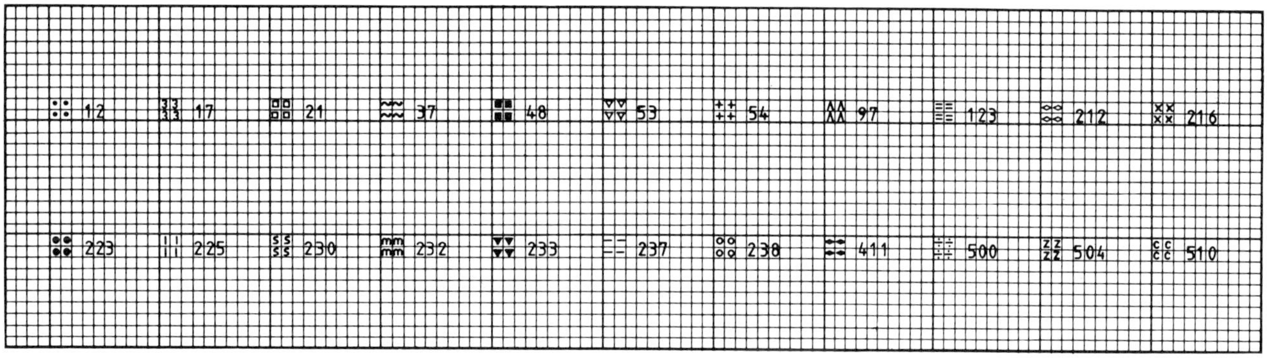
12
17
21
37
48
53
54
97
123
212
216
223
225
230
232
233
237
238
411
500
504
510

Unterer rechter Teil der Zählvorlage zum Stickmustertuch von Seite 76.

Mustertuch mit traditionellen religiösen und weltlichen Symbolen, wie sie häufig auf alten Sticktüchern zu finden sind. Sie werden wie folgt gedeutet:

Osterlamm = Auferstehung
Kreuz, Herz, Anker = Glaube, Liebe, Hoffnung
Lebensbaum = Leben, Erneuerung
Justizia = Gerechtigkeit
Brunnen = Jacobsbrunnen, aber auch: Wasser des Lebens, Unerschöpflichkeit
Nixe = Tugend, Reinheit
Löwe/Greif = Kraft und Mut
Hahn = Glaubensstärke
Mühle = Täglich Brot
Engel mit Palme = Friede auf Erden
Sanduhr = Vergänglichkeit
Schlüssel = Schlüssel des Apostel Paulus, Himmelsschlüssel
Fruchtschale = Fruchtbarkeit
Tauben mit Herz = Liebesboten
Hund = Treue, Wachsamkeit
Krone = Hoheit, Krone des Heilands, Krone des Lebens, Glaubenshoheit

Die Zählvorlage befindet sich auf den Seiten 82–84. Material: schwedisches Leinengarn, den Farbnummern auf Seite 84 entsprechend, Straminnadel in passender Stärke, Aida-Stoff oder Leinen Nr. 7 (3 1/2 Kreuze auf 1 cm), mit Saumzugaben 60 x 70 cm groß (Querformat).

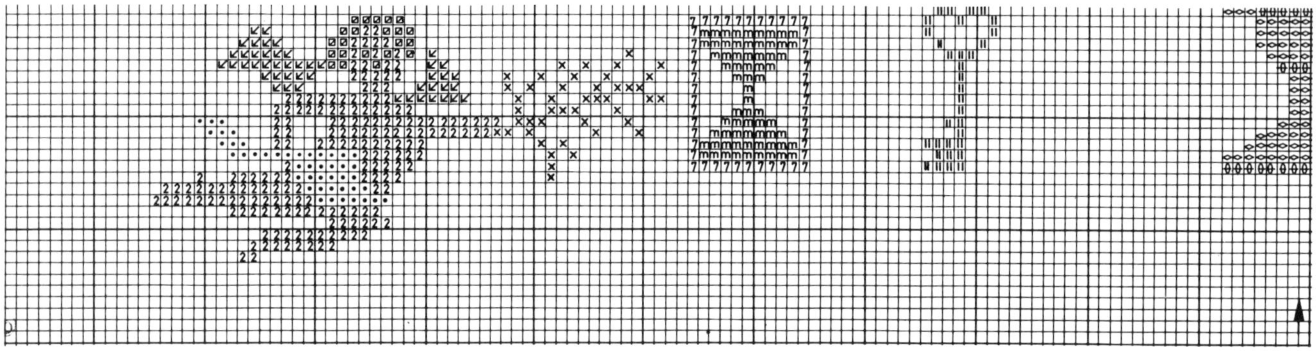

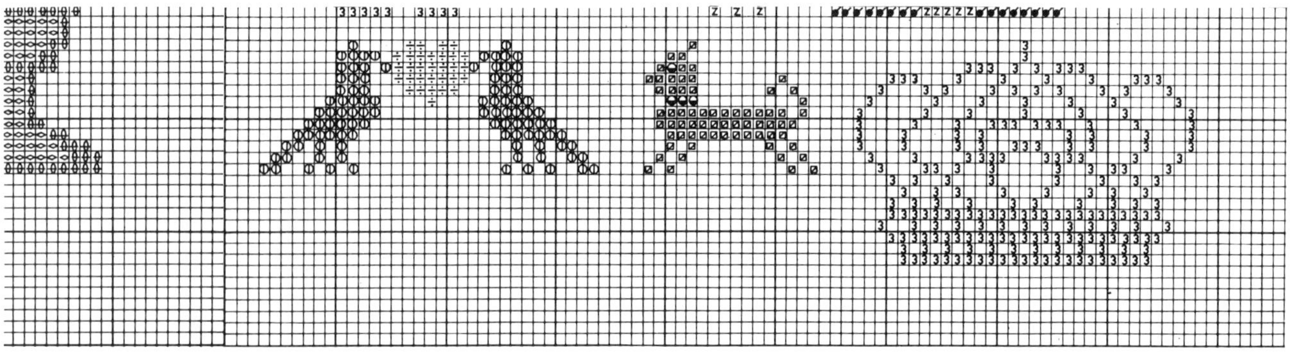

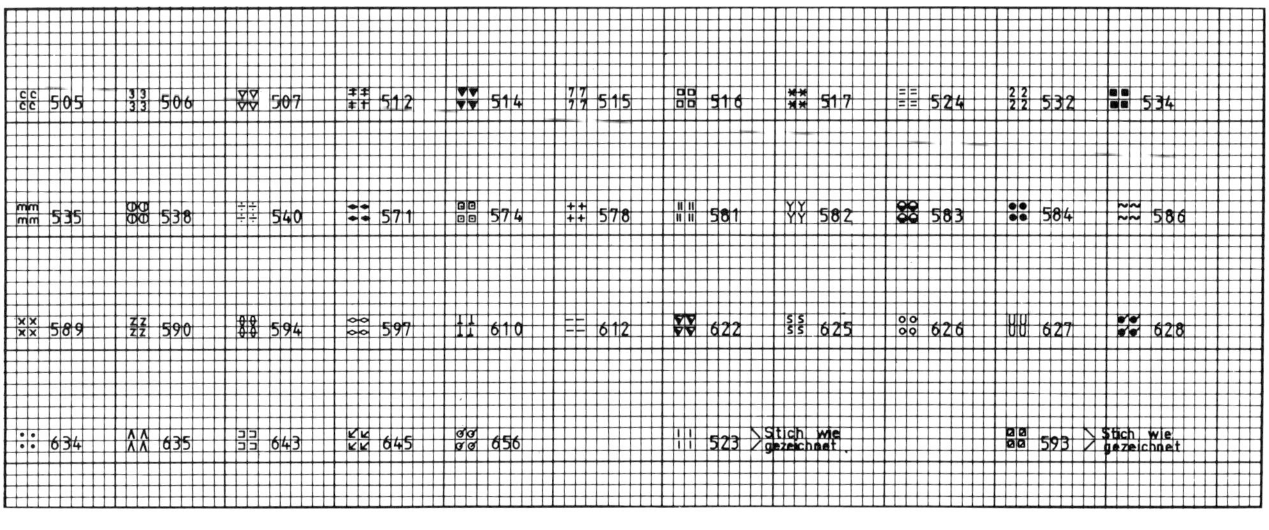

Die Zählvorlage für das Stickmustertuch auf Seite 81 wurde wie folgt geteilt: Seite 82 linker oberer Teil, Seite 83 rechter oberer Teil, auf dieser Seite linker unterer Teil (oben), rechter unterer Teil (darunter). Die Pfeile geben die senkrechte und die waagerechte Mitte der Stickerei an.

Aus dem Sticktuch rechts, 61 x 41 cm, können die Motive auch einzeln zur Verzierung von Textilien verwendet werden. Material: dänisches Blomstergarn, einfädig verarbeitet, nach dem Farbschlüssel auf Seite 90, obere Zahlen, oder Sticktwist (MEZ), Zahlen in Klammern. Straminnadel Nr. 24, Leinen Nr. 12 (6 Kreuze auf 1 cm), 70 x 50 cm groß. Das Zählmuster, bei dem der obere leere Rahmen nur teilweise gezeigt wird, steht auf den folgenden Seiten. (Modell: Constanze Idee, Gruner + Jahr, Hamburg)

ABCDEFGHIJKLM
NOPQRSTUVWXYZ
abcdefghijklmnopqrstu
vwxyz 1234567890

Linker oberer Teil der Zählvorlage zum Stickmustertuch von Seite 85. Mittlerer linker Teil auf Seite 88. Der Pfeil gibt die waagerechte Mitte an.

Rechter oberer Teil der Zählvorlage zum Stickmustertuch von Seite 85. Mittlerer rechter Teil auf Seite 89. Der Pfeil gibt die waagerechte Mitte an.

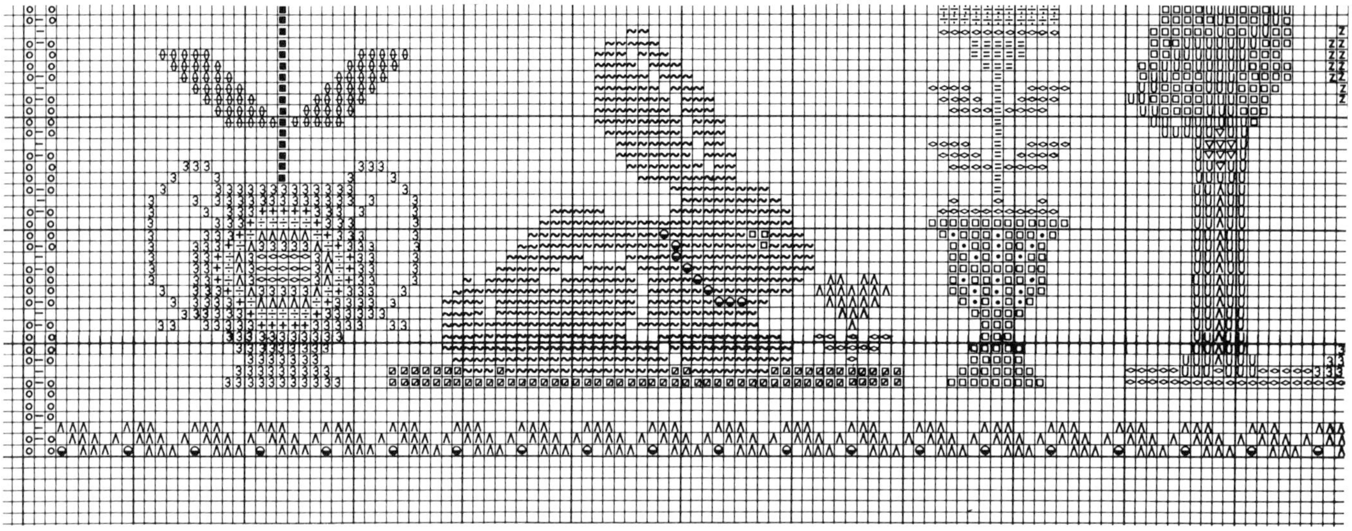

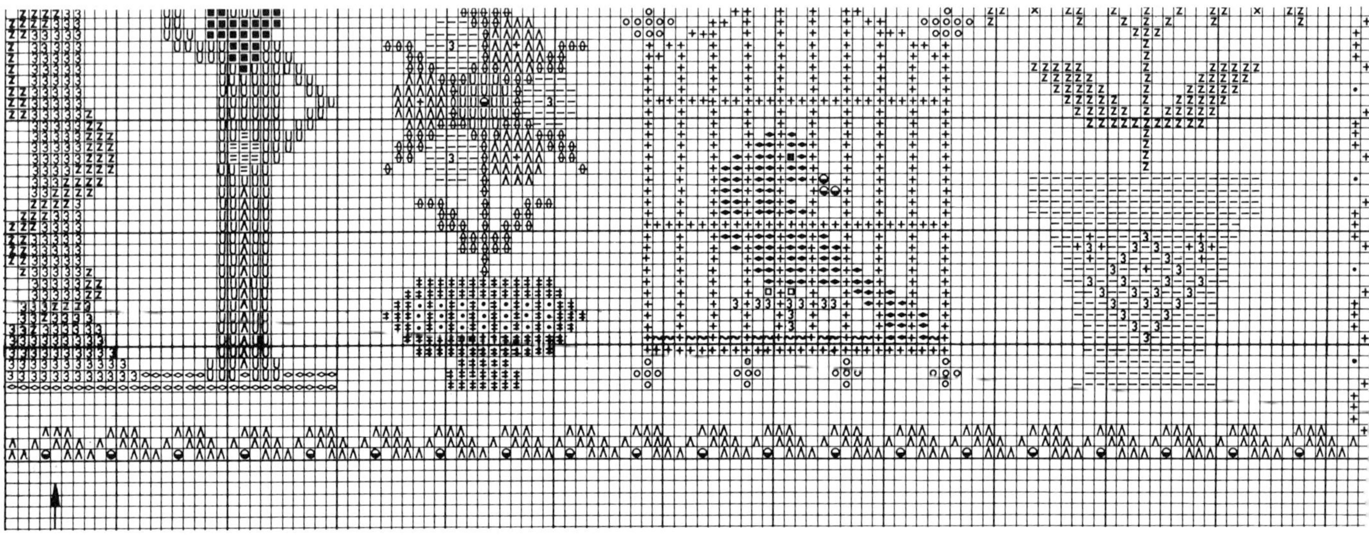

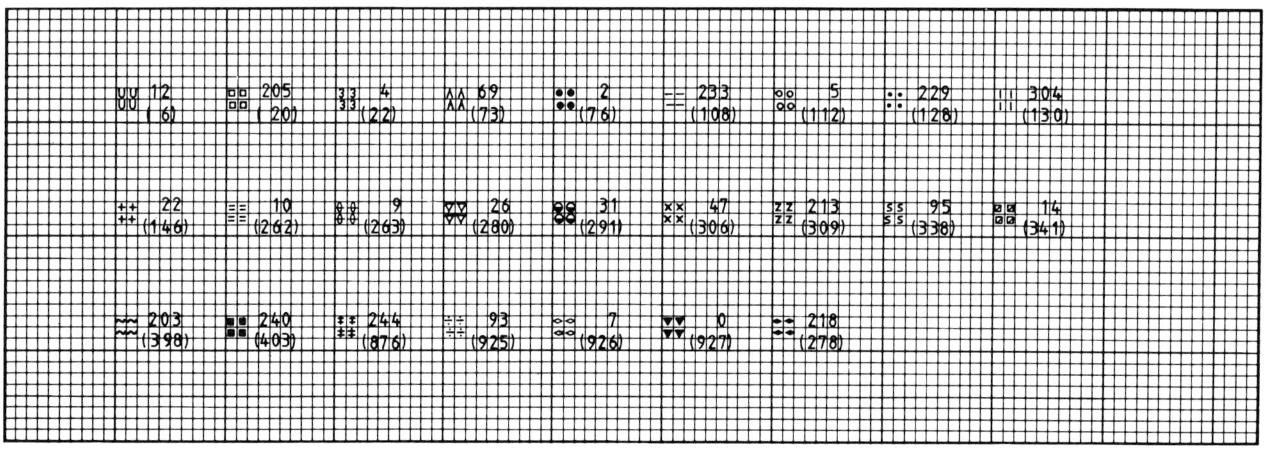

Unterer linker und rechter Teil der Zählvorlage zum Stickmustertuch von Seite 85. Rechts: Teil des Rahmens am oberen Rand des Tuches.

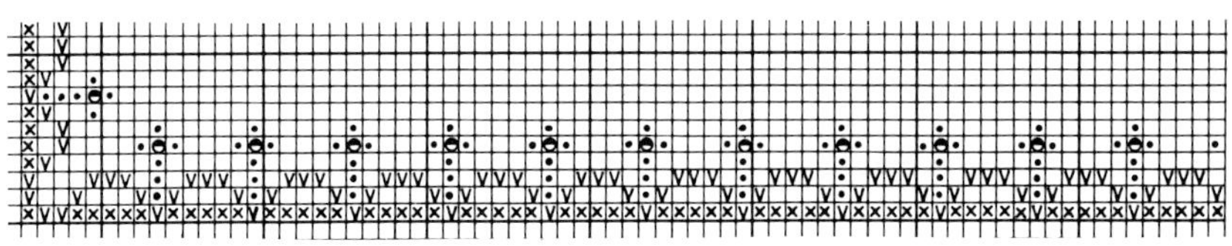

+ 2308	■ 2314	Y 2510	o 2513	= 2891	S 3810	: 4336
Λ 4337	/ 4346	⊖ 4365	● 4400	Z 4401	¦ 4406	▽ 4433
ϕ 4434	◻ 4449	÷ 4477	• 4511	– 4553	3 4564	U 4575
▼ 4581	■ 4582	≈ 4583	X 4598			

„Gottes Wege sind wunderbar" steht sinngemäß in englischer Sprache unter der Stickerei, die Linda Brown 1924 nach einem Vorbild stickte, das bereits ihre Mutter und davor ihre Großmutter in jungen Jahren angefertigt hatten. Die Großmutter hatte mit Seide auf Woll-Leinen gestickt, die Mutter mit Baumwolle auf Leinen. Die beiden Blumentöpfe sind in senkrechten Stichen gearbeitet, alles andere in Kreuzstichen. Zählmuster zu dieser Arbeit auf den Seiten 91–92. Material: Tauben-Zephir-Wolle (MEZ) in den auf dieser Seite angegebenen Farbnummern. Ein Strang je Farbe, dazu eine Straminnadel in passender Stärke. Als Grundstoff 51 x 42 cm Doppelgitter-Stramin, bei dem 4 Kreuze (Löcher) auf 1 cm gezählt werden.

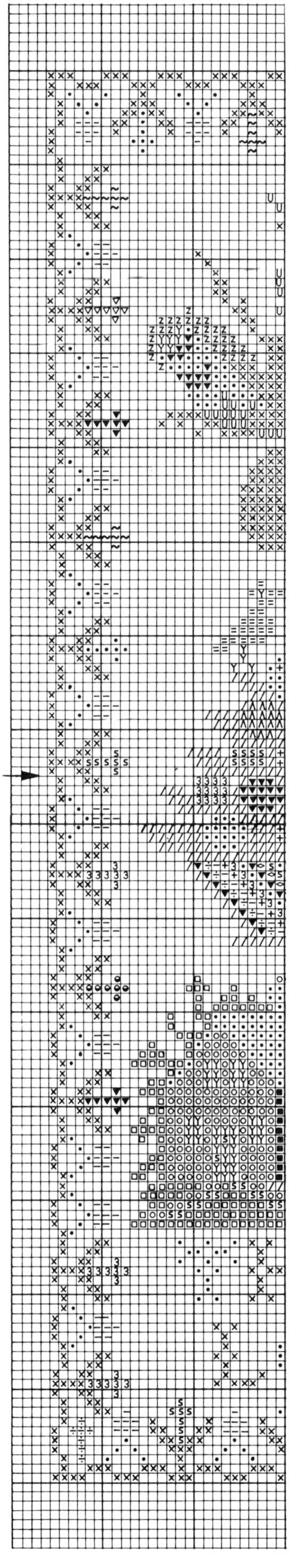

Etwas für Ungeduldige: Dieses dekorative Mustertuch ist schnell nachgearbeitet, da es auf Aida-Stoff oder Leinen Nr. 7 (3 1/2 Kreuze auf 1 cm) gestickt wird. Man arbeitet mit schwedischem Leinengarn (Bezugsquellen auf Seite 95), einfädig und mit einer der Garnstärke entsprechenden Straminnadel. Die fertige Stickerei ist 45 x 33,5 cm groß, mit Zugaben für Rand und Saumeinschlag braucht man Grundstoff in der Größe 55 x 43,5 cm.
An Garn benötigt man von den Farben 641, 588 und 579 je zwei Stränge, von allen anderen Farben jeweils einen Strang. Beim Sticken ist zu beachten, daß der Faden schnell aufrauht, man muß ihn deshalb zwischendurch immer wieder drehen. Auch empfiehlt es sich, die einzelnen Fäden nicht zu lang abzuschneiden, also lieber öfter einen neuen Faden einzufädeln.
Bevor man mit der Arbeit beginnt, umsticht man die Schnittkanten des Stoffes mit Nähgarn, damit sie nicht ausfransen. Dann zählt man der Vorlage entsprechend die senkrechte und die waagerechte Mitte der Stickerei ab und markiert die Stellen auf dem Stoff mit Fäden.

Zählvorlage zum obigen Mustertuch unten und auf Seite 94.

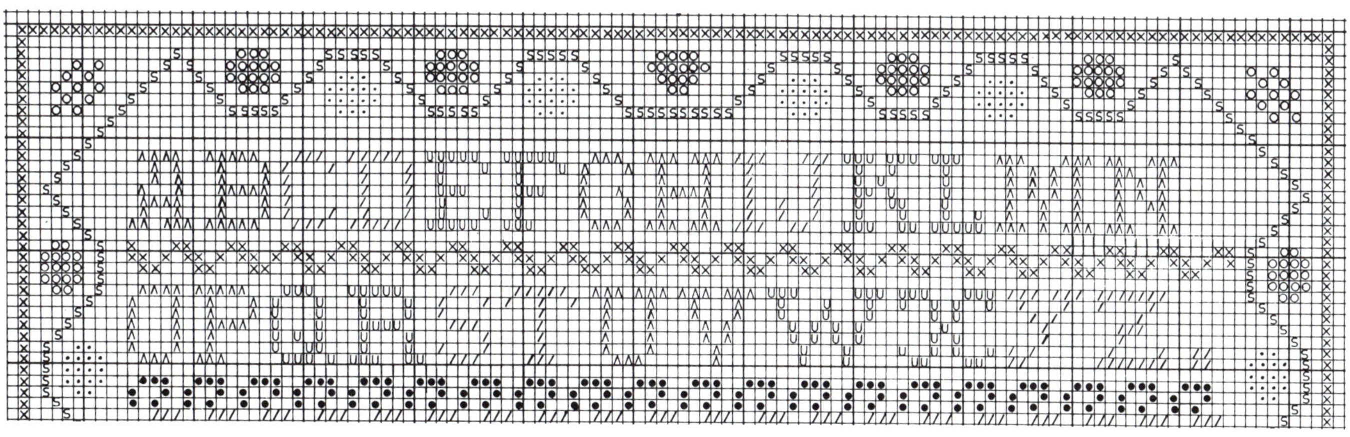

ΛΛ 532	•• 572	// 576	oo 578	UU 579	·· 581	SS 588	XX 641	++ 642

Anhang

Bezugsquellen für Stickmaterial

Dänisches Blomstergarn, schwedisches Leinengarn (Klippans Lingarn), Stickleinen:
Bahmann KG, Generalagent,
Karmarschstraße 37/39
3000 Hannover

Stramin und Aida-Stoff (Hersteller: Zweigart), Sticktwist, Perlgarn, Tauben-Zephir-Wolle (Hersteller: MEZ), Graphitpapier, Sticknadeln:
Handarbeitsgeschäfte und Warenhäuser mit Handarbeitsabteilungen

Materialpackung zum Mustertuch von 1720 mit dem Alphabet des Augsburger Graveurs Martin Engelbrecht:
Weico Produkte, Luisenstraße 27
4150 Krefeld (für Deutschland)

WEB-TEX AG, Tösstalstraße 59–61
CH-8411 Winterthur (für die Schweiz)

Manfred Grünwald GmbH,
Schuhfabrikgasse 17
A-1230 Wien (für Österreich)

Naaldkunst-Lanarte bv. Postbus 717
NL-8901 BM Leeuwarden/Niederlande
(Generalvertrieb)

Transparentpapier:
Schreibwarengeschäfte und Geschäfte für Büro- und Zeichenbedarf

Deka-Bügelmusterstift:
Handarbeits- und Hobbygeschäfte, Warenhäuser mit entsprechenden Abteilungen und Geschäfte, die Mal- und Zeichenzubehör führen

Museen und öffentliche Sammlungen

Inland

Altonaer Museum, Norddeutsches Landesmuseum
2000 Hamburg 50

Bayerisches Nationalmuseum
8000 München 22

Germanisches Nationalmuseum
8500 Nürnberg

Museum für Deutsche Volkskunde
1000 Berlin 33 (590 Exponate)

Museum für Kunst + Gewerbe
2000 Hamburg 1 (700 Exponate, nur Sonderausstellungen)

Nissen-Haus, Nordfriesisches Museum
2250 Husum

Textilmuseum Altes Pastorat,
H. Steinacker, Rüsperstraße 1
5942 Kirchhundem-Oberhundem

Ausland

Dänisches Nationalmuseum
Kopenhagen/Dänemark

Museum Den Gamle By
Aarhus/Dänemark

Norsk Folkemuseum
Oslo/Norwegen

Nordiska Museet
Stockholm/Schweden

Het Nederlandse Openluchtmuseum
Nationalmuseum
Arnheim/Niederlande

Nederlandse Textilmuseum
Tilburg/Niederlande

Westfries Museum
Hoorn/Niederlande

Fries Museum
Leeuwarden/Niederlande

Museum Bredius
Den Haag/Niederlande

Victoria and Albert Museum
London/England

Nationalmuseum of Wales
Cardiff (Wales)/England

Rhätisches Museum
Chur/Schweiz

Österreichisches Museum für angewandte Kunst (keine permanente Ausstellung)
Wien/Österreich

Benaki-Museum
Athen/Griechenland

Quellen

Ulrike Zischka:
Stickmustertücher aus dem Museum für Deutsche Volkskunde
Heft 33 der Bilderhefte der Staatlichen Museen Preußischer Kulturbesitz Berlin, 1978

Albarta Meulenbelt-Niewburg:
Embroidery Motifs from Dutch samplers
B. T. Batsford Limited London, 1974

Cécile Dreesmann:
Samplers for Today
Van Nostrand Reinhold Company, London 1972

Redaction der Modenwelt:
Muster altdeutscher Leinenstickerei
Dritte Sammlung – Alphabete; 2. Auflage
Franz Lipperheide, Berlin, 1881

Anna Rapp:
Schweizerische Mustertücher
Paul Haupt, Bern, 1976

Waltraud Boltz, Bayreuth:
Auktionskatalog 53
Alte Textilien
Auktion 25. September 1981

TAUFE
ANJA
1967